AF639793

Rupert Berndl

Kartoffelsterz und Hollerkoch

Bibliografische Information Der Deutschen Nationalbibliothek

Die Deutsche Nationalbibliothek verzeichnet diese Publikation in der Deutschen Nationalbibliografie; detaillierte bibliografische Daten sind im Internet über http://dnb.ddb.de abrufbar.

ISBN 978-3-95587-826-9

Gewidmet den Frauen und Müttern, die es trotz aller Widrigkeiten schafften, mit größtem persönlichen Einsatz, starkem Willen und großem Geschick ihre Familien durch die schweren Kriegsjahre und entbehrungsreichen Krisenzeiten zu bringen.

Für uns, die Battenberg Gietl Verlag GmbH mit all ihren Imprint-Verlagen, ist Nachhaltigkeit ein wichtiger Teil unserer Unternehmensphilosophie. Daher achten wir bei allen unseren Produkten auf den Einsatz umweltschonender Ressourcen und Materialien.
Dieses Buch wurde auf FSC®-zertifiziertem Papier gedruckt. FSC (Forest Stewardship Council®) ist eine nicht staatliche, gemeinnützige Organisation, die sich für die verantwortungsvolle und ökologische Nutzung der Wälder unserer Erde einsetzt.

Unsere Partnerdruckerei kann zudem für den gesamten Herstellungsprozess nachfolgende Zertifikate vorweisen:
- Zertifizierung für FOGRA PSO
- Zertifizierungssystem FSC®
- Leitlinien zur klimaneutralen Produktion (Carbon Footprint)
- Zertifizierung EcoVadis (die Methodik besteht aus 21 Kriterien in den Bereichen Umwelt, Einhaltung menschlicher Rechte und Ethik)
- Zertifikat zum Energieverbrauch aus 100 % erneuerbaren Quellen
- Teilnahme am Projekt „Grünes Unternehmen“ zum Schutz von Naturressourcen und der menschlichen Gesundheit

Überarbeitete und erweiterte 3. Auflage 2023
ISBN 978-3-95587-826-9
Alle Rechte vorbehalten!
© 2023 SüdOst Verlag in der Battenberg Gietl Verlag GmbH, Regenstauf
www.battenberg-gietl.de

Rupert Berndl

Kartoffelsterz und Hollerkoch

Rezepte aus schweren Zeiten

SüdOst Verlag

Vorwort

Ein Kochbuch in unserer heutigen Zeit zu verfassen, ist in Anbetracht einer wahren Fülle einschlägiger Literatur ein eher zweifelhaftes Unterfangen. Wer gerne kocht und für Familie und Freunde besondere Speisen mit den raffiniertesten Zutaten auf den Tisch zaubern möchte, kann sich entsprechende Anregungen aus einer Flut von gedruckten und reizvoll bebilderten Rezeptsammlungen holen. Die zahllosen Kochsendungen, die derzeit tagtäglich über die meisten Fernsehkanäle flimmern, verstärken diesen Trend erheblich. Dabei fällt auf, dass sich zunehmend Einflüsse aus fernen Ländern großer Beliebtheit erfreuen und unsere heimische Küche durchdringen. Eine rapide um sich greifende und sämtliche Lebensbereiche erfassende Globalisierung hat längst auch unsere Kochtöpfe erfasst und macht sich ungeniert darin breit. Dass dies überhaupt möglich ist, liegt wohl daran, dass man zurzeit fast an jedem beliebigen Ort und zu jeder Zeit aus einem Übermaß verschiedenster Lebensmittel aus den unterschiedlichsten Regionen unserer Erde auswählen kann. Exotische Früchte, Meeresgetier aus fernen Ozeanen und Gewürze aller Art finden sich in den Regalen der Supermärkte. Zweifellos steigert dies alles die Kreativität in der modernen Küche und kann das Kochen durchaus noch spannender und interessanter machen. Man gewöhnt sich schnell und allzu leicht an diese schier grenzenlose Fülle und unbeschränkte Verfügbarkeit.

Das war jedoch beileibe nicht immer so. Nahezu siebzig Jahre Frieden ließen uns vergessen, dass man auch mit wenigen Nahrungsmitteln auskommen kann. Man muss gar nicht so weit zurückblicken, um eine ganz andere Küchenwelt zu erleben.

Dieses, zugegeben etwas ungewöhnliche Kochbuch beschäftigt sich mit Rezepten, die nicht selten aus der Not geboren sind, setzt sich mit einer Zeit auseinander, in welcher der Mangel an Lebensmitteln die Möglichkeiten der Speisenzubereitung weitgehend bestimmte und stark einschränkte. Die schweren Jahre der beiden Weltkriege, der Inflation und der harten Nachkriegszeit sollen hier ausschließlich unter dem Aspekt der Ernährung, vor allem aber mit einem Blick in die Kochtöpfe unserer Mütter, Großmütter und Urgroßmütter betrachtet werden. Bei den Älteren unter uns werden dabei vielleicht noch eigene Erinnerungen wach.

Grundlage für dieses Kochbuch sind mehrere, von Hausfrauen und Köchinnen handgeschriebene Rezeptsammlungen aus der Zeit zwischen 1890 und 1946. Diese gut fünfzig Jahre waren geprägt von bekanntermaßen tiefgreifenden politischen, wirtschaftlichen und sozialen Veränderungen. Mehrere Notzeiten machten den Menschen schwer zu schaffen. Die beiden verheerenden Weltkriege mit ihren schlimmen Folgen zogen eine breite Spur der Verwüstung und des Elends quer durch Europa. Wie immer hatte die gepeinigte Zivilbevölkerung besonders darunter zu leiden. Hinein bis in die von vielerlei Not und Entbehrungen gezeichneten Nachkriegsjahre.

Der Verfasser möchte diese extrem schwierigen Jahre vor allem aus dem vielfach übergangenen und wenig beachteten Blickwinkel der Frauen und Mütter beleuchten, die damals täglich für ihre Angehörigen sorgen, und nicht selten um das pure Überleben kämpfen mussten. Begleitet von der ständigen Angst um ihre Männer, Söhne und

Väter, die in einem irrwitzigen Krieg permanent ihr Leben einzusetzen hatten. Ihre soziale Leistung, ihr unermüdlicher Einsatz zum Erhalt der Familien wird über die Rezepte und die gelegentlichen Randnotizen augenfällig und soll hier eine entsprechende Würdigung erfahren.

Der überwiegend große Mangel an Lebensmitteln und die daraus folgende strenge Rationierung alles Essbaren stellte die Hausfrau ständig vor schier unlösbare Probleme, zeitigte aber auch bemerkenswerte Überlebensstrategien. Das wird unter anderem ablesbar an den durchdachten, mehrfach erprobten und oftmals raffiniert zusammengestellten Rezepten dieser Zeit. Aus dem Wenigen, das man in der Küche zur Verfügung hatte, etwas zu „komponieren", das nicht nur satt machte, sondern obendrein auch noch gut schmecken sollte, zeugt von einer wahrhaft beachtlichen Kochkunst.

Wichtige Tipps und die Ergebnisse gelungener Kochversuche wurden unter den Frauen rege ausgetauscht und gerne übernommen. Viel überliefertes und mittlerweile in Vergessenheit geratenes Wissen kam jetzt wieder zu Ehren. So manche kreative Köchin hat darüber hinaus ihre persönlichen Erfahrungen und Erfindungen zu Papier gebracht. Aus der Not geboren wurden so vielerlei interessante Sparrezepte entwickelt, die beredt Auskunft geben über die harten Lebensbedingungen, unter denen die Menschen damals litten.

Die vielen gedruckten Kochbücher waren in dieser Zeit eigentlich keine echte Hilfe. Sie waren fast ausschließlich in Friedenszeiten verfasst worden und gingen in ihren Kochanweisungen von einer schier unbegrenzten Fülle an Lebensmitteln aus. Aus diesen Kochbüchern lassen sich keine Erkenntnisse über die schwierigen Kriegsjahre gewinnen. Damit mussten sie als Grundlage für das vorliegende Kochbuch ausscheiden.

Aus verständlichen Gründen stützen sich die im Folgenden beschriebenen politischen und sozialen Gegebenheiten im Wesentlichen auf offizielle Fakten und bekannte Daten. Dies trifft vor allem auf die Zeit zwischen 1895 und 1940 zu, während die Schilderung der Kriegsjahre ab 1940, bis hinein in die unmittelbare Nachkriegszeit durchzogen ist von persönlichen Erlebnissen und Berichten noch lebender Zeitzeugen.

Dabei soll nie das eigentliche Ziel dieses Buches aus dem Auge verloren werden; nämlich das Bestreben, über einen Blick in die Kochtöpfe dieser entbehrungsreichen Jahre Erkenntnisse zu gewinnen darüber, wie die Menschen damals lebten, fühlten, welche Sorgen und Nöte sie quälten.

Es ist schon wirklich kurios und klingt geradezu zynisch, wenn man feststellen muss, dass sich zwischen den „fleisch- und fettarmen" Jahren in der ersten Hälfte des 20. Jahrhunderts und der Gegenwart in Bezug auf das Kochen erstaunliche Parallelen auftun. Manche dieser „Notzeitrezepte" würden nämlich durchaus in das Programm eines zeitgenössischen „Diät- oder Abnehmprogramms" passen. Freilich unterscheiden sich Anlass und Voraussetzungen grundlegend: In den Notzeiten ging es um das Überleben, heute geht es um die Figur. Und das macht schon nachdenklich.

Inhaltsverzeichnis

Die Geschichte des Kochens 1890 – 1947

Die Rezepte

Es raucht nicht mehr

Schon für die ersten Menschen war die Feuerstelle enorm wichtig. Sie war von entscheidender Bedeutung für das Überleben der Sippe. Das Feuer spendete Wärme und ermöglichte das Zubereiten von Speisen. Seit diesen ersten Anfängen des Kochens bis herauf in unsere Zeit ist eine wie immer geartete Feuerstelle sozusagen das Herzstück jeder Küche. Aus ihr entwickelte sich in der langen Geschichte der Zubereitung von Speisen der Herd, den man über Jahrhunderte mit Holz und Kohlen befeuerte.

Die Vorratshaltung an relativ großen Mengen von Brennmaterial stellte auf dem Land, in den Dörfern und Bauernhöfen kein nennenswertes Problem dar. Wohl aber in den schnell wachsenden, dicht bebauten Städten mit ihren vielstöckigen Mietshäusern. Da mussten die extra dafür geschaffenen Kellerräume die gewaltigen Mengen an Kohlen aufnehmen, die je nach Bedarf über das ganze Jahr hin immer wieder ergänzt werden mussten. Oftmals über viele Stockwerke schleppten dann die Mietsparteien das schwere Heizmaterial zu ihren Öfen. Das war nicht nur anstrengend, Kohlestaub und Ruß verursachten auch viel Schmutz.

Mit dem Einführen der Elektrizität in den Haushalten wurde die Kraft des elektrischen Stroms als Energiequelle zum Kochen, Braten und Backen

Holzofen

Elektroherd

entdeckt. So richtig durchgesetzt hat sich der Elektroherd in den Haushalten aber eigentlich erst nach dem Zweiten Weltkrieg. Ursache dafür war, dass die Stromnetze noch nicht überall gut genug ausgebaut waren und dass Strom verhältnismäßig teuer war. Auch die Technik dieser neuartigen Herdgeneration war noch nicht zufriedenstellend ausgereift. Auf dem Land wurde der E-Herd häufig mit dem irrigen Argument abgelehnt, dass auf ihm zubereitete Speisen „elektrisch" schmeckten.

Parallel zum Elektroherd wurde der Gasherd entwickelt. Seine Verwendung war jedoch an eine Gaszufuhr gekoppelt. Gaswerke mit einem akzeptabel ausgebauten Netz entstanden aber nur in den Städten.

Beide Herdarten brachten gleichermaßen wesentliche Erleichterungen für die Hausfrau. Mit einem einfachen Dreh am Schalter konnte man jederzeit über die nötige Energie zum Kochen verfügen. Vor allem gab es keine unliebsame Rauchentwicklung mehr. Außerdem entfiel das lästige Holz- und Kohletragen und das Feuer musste nicht mehr durch das ständige Nachschüren unterhalten werden. Nicht zuletzt deshalb sprach man beim Strom von der „weißen Kohle" und einer „sauberen Energie". Vor allem aber wurde das Braten und Backen durch die gleichmäßige, leicht regulierbare Energiezufuhr wesentlich vereinfacht. Die Speisen gelangen fortan auch weniger geübten Hausfrauen zuverlässig.

Gasherd

Die Elektrifizierung

Energie für Jedermann

Um vor allem die Gewerbetreibenden, aber auch die gesamte Bürgerschaft möglichst flächendeckend mit Strom, der modernsten Energieform zu versorgen, wurde die Elektrifizierung Bayerns bereits vor dem Ersten Weltkrieg in Angriff genommen. Erfolgreich fortgesetzt wurden diese Bemühungen dann nach dem Krieg. An vielen Flüssen entstanden große Kraftwerke. Sie ermöglichten die Ansiedlung von Betrieben und Fabriken mit hohem Stromverbrauch. Bald schon stand nahezu allen Haushalten in den Städten, aber auch in den Märkten und Dörfern elektrischer Strom zur Verfügung.

Für die vielfältig einsetzbaren und leicht zu bedienenden Elektromotoren zeigte besonders der gewerbliche und landwirtschaftliche Mittelstand großes Interesse. Der Staat war zunächst aus Kostengründen nicht bereit, Stromleitungen zu Kleinabnehmern zu bauen. Damit blieb der ländliche Raum von der Stromversorgung weitgehend abgekoppelt. Schon seit den 1890-er Jahren wurden deshalb auf dem Land an ausreichend Wasser führenden Bächen Kleinkraftwerke von Kommunen und Privatleuten errichtet. Wegen der noch nicht ausgereiften Technik unterlag die Versorgung mit elektrischem Strom, vor allem in den ländlichen Gegenden, jedoch zeitweise erheblichen Schwankungen.

Technik und Maschinen halten Einzug in den Küchen

Die elektrische Energie hielt bald schon in den Küchen Einzug und trieb allerhand neuartige Maschinen an, die der Hausfrau viele kraft- und zeitraubende Arbeitsgänge abnahmen und bald schon das Küchenpersonal ersetzten.

Das Teigkneten, das Zerkleinern von Gewürzen, Obst und Fleisch war bisher reine Handarbeit, war zeitaufwändig und anstrengend. In den Küchen der Bürgerhäuser und Bauernhöfe, dort also, wo es eine größere Anzahl von Menschen zu versorgen galt, war neben der Hausfrau allerhand Gesinde mit der Zubereitung der Mahlzeiten beschäftigt. Mit den neu entwickelten Geräten, den Knet- und Rührmaschinen, den Saftpressen und elektrisch betriebenen Fleischwölfen, den Pürierstäben und Mixern ging die Küchenarbeit erheblich schneller vonstatten. Die Maschinen ersetzten zunehmend die Küchenmägde. Sie wurden überflüssig. Viele junge Frauen fanden keine Arbeit mehr. Das blieb natürlich nicht ohne soziale Folgen.

Gegen Ende des 19. und zu Beginn des 20. Jahrhunderts wurde die Arbeit in den Küchen aber auch noch von allerhand weiteren Veränderungen berührt. Die Hausfrauen und Köchinnen, die bisher noch mit den alten Maßen und Gewichten hantierten, mussten sich nun zunehmend auf das neue Dezimalsystem umstellen. Die Vereinheitlichung der Maße und Gewichte wurde nach der Gründung des Deutschen Reiches 1871 verstärkt angestrebt und schließlich auch umgesetzt. Die komplizierte Umrechnung von den althergebrachten Gewichts- und Hohlmaßen in das neue System stellte sicherlich nicht nur die Köchinnen vor erhebliche Probleme. Besonders den älteren unter ihnen scheint das mitunter schwer gefallen zu sein. Zumindest kann man das aus den handgeschriebenen Kochbüchern dieser Zeit schließen. Da taucht oftmals ein recht verwirrendes Gemisch unterschiedlicher Gewichts- und Maßangaben auf. Eine verhältnismäßig lange Zeitspanne werden offensichtlich beide Berechnungssysteme parallel benutzt. Dagegen wurden in den gedruckten Kochbüchern aus dieser Zeit mit der offiziellen Einführung selbstverständlich die neuen Maß- und Gewichtsangaben eingesetzt.

Damit sich beim Nachkochen von alten Rezepten diesbezüglich keine Schwierigkeiten auftun, sollen Ihnen die nachfolgenden Tabellen beim Umrechnen Hilfestellung leisten:

Hohlmaße:

1 Schoppen	=	0,25 Liter				
1 Quart	=	0,27 Liter				
1 Tasse	=	0,3 Liter				
1 Seidl	=	0,35 Liter				
1 Halbe	=	0,53 Liter				
1 Maß	=	1,07 Liter				
1 Schäffel	=	222,00 Liter	=	2,22 Hektoliter		
1 Schäffel	=	6 Metzen	=	12 Viertel	=	208 Mäßl
1 Gugen	=	eine halbe Eierschale voll				
1 Weinglas	=	vier Esslöffel voll				

Gewichte:

1 Loth	=	17,5 Gramm	=	4 Quent
1 Quent	=	4,4 Gramm		
1 Eischwer	=	3,5 Loth		
1 Quint	=	110,00 Gramm	=	6 Loth
1 Quart	=	140,00 Gramm	=	8 Loth
1 Vierting	=	1 Quart		
1 Pfund (alt)	=	560 Gramm	=	32 Loth
1 Zentner (alt)	=	56 Kilogramm		

Zudem änderte sich in der betrachteten Zeitspanne auch mehrfach die Währung.

Münzen:

1 Gulden	=	60 Kreuzer (Kr)
1 Kreuzer	=	4 Pfennige (Pf)
1 Mark	=	100 Pfennige

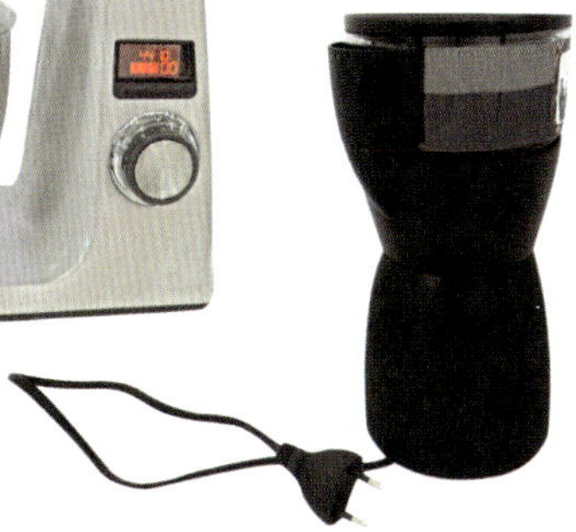

Ersatz für den Keller

Auch die Vorratshaltung wurde durch die Verfügbarkeit des elektrischen Stroms stark beeinflusst. Die Erfindung des Eisschrankes, beziehungsweise des Kühlschrankes, wie man ihn später nannte, ermöglichte es, vor allem leicht verderbliche Lebensmittel über einen längeren Zeitraum genießbar zu erhalten. Vordem mussten Obst, Gemüse und Feldfrüchte in kühle Kellerräume verfrachtet und mit allerhand Aufwand und Tricks vor allzu schnellem Verderben bewahrt werden. Fleisch und Fisch wurden vor dem Räuchern eingepökelt und so haltbar gemacht. Alles sehr zeitraubend und arbeitsintensiv. Der Kühlschrank, und später dazu noch der Gefrierschrank, übernahm die Vorratshaltung einfach, problemlos und zuverlässig.

Mit der flächendeckenden Einführung der Elektrizität und den dadurch ausgelösten zahlreichen Erfindungen „hilfreicher maschineller Geister", wurde die Arbeit in den Küchen mit Beginn des 20. Jahrhunderts geradezu revolutioniert. Freilich erreichten die „Segnungen" der Technik und die Einführung von elektrisch betriebenen Gerätschaften nur langsam und mit entsprechenden Verzögerungen die ländlichen Gegenden. Vor allem nach 1948 mit Beginn der „Wirtschaftswunderzeit" hielten Mixer und Co. Einzug in allen Küchen.

Eisschrank

Maschinen revolutionieren die Landwirtschaft

Wenn man sich mit der Zubereitung von Speisen, mit dem Kochen und Essen beschäftigt, so muss man sich zunächst mit den allgemeinen Lebensbedingungen der Menschen auseinandersetzen. Ein besonderes Augenmerk gilt dabei der Produktion von und dem Handel mit Lebensmitteln. Die Landwirtschaft steht hierbei im Mittelpunkt der Betrachtung. Sie schafft die Basis für eine ausreichende Versorgung der Bevölkerung mit Getreide, Fleisch, Eiern, Milch und Fett, also mit den Grundnahrungsmitteln.

Steigen die Bevölkerungszahlen rasch an, wie zu Beginn des 20. Jahrhunderts, so wird zunächst versucht, den erhöhten Bedarf durch eine Steigerung der Produktivität zu decken. Eine zusätzliche Einfuhr von Nahrungsmitteln führt zu Abhängigkeiten und macht, wie uns die Geschichte des 20. Jahrhunderts lehrt, politisch verletzbar.

In der bayerischen Landwirtschaft dominierten immer schon die mittleren und kleinen Betriebe. Etwa zwei Drittel aller Höfe verfügten lediglich über eine Fläche von maximal fünf Hektar Grund und Boden. Die Betriebsgröße erklärt sich vor allem aus den Folgen unterschiedlichen Erbrechts, das in Altbayern die ungeteilte Übernahme des Hofes durch den an erster Stelle Erbberechtigten vorsah.

Die anfallende Arbeit in den landwirtschaftlichen Betrieben wurde bis weit ins 19. Jahrhundert hinein, in manchen Gegenden sogar noch zu Beginn des 20. Jahrhunderts, nahezu ausschließlich von einer mehr oder minder großen Anzahl von Knechten und

In Ermangelung von Zugtieren mussten oftmals Menschen die Pflüge ziehen

Mägden verrichtet. Diese wurden in der Regel für ganz bestimmte Tätigkeiten in Dienst genommen. Die Landwirtschaft bot somit viele Arbeitsplätze.

Das änderte sich jedoch innerhalb verhältnismäßig kurzer Zeit durch eine rasch um sich greifende Mechanisierung, die in besonders hohem Maße die Landwirtschaft erfasste. Lebten beispielsweise 1907 noch 40% der bayerischen Bevölkerung von der Land- und Forstwirtschaft, so waren das 1939 gerade mal noch 25%. Eine wesentliche Ursache für diesen Rückgang waren die ständig steigenden Kosten für die Betriebsmittel, aber auch die höheren Löhne und Sozialabgaben. Vor allem kleine Betriebe gaben damals auf.

Die Anwendung wissenschaftlicher Erkenntnisse war, wie in anderen Wirtschaftszweigen auch, die Basis für die einsetzende Modernisierung der Landwirtschaft. Wissenschaftler erkannten, dass die Pflanzen beim Wachstum dem Boden Mineralien entziehen, die diesem wieder zugeführt werden müssen, um die Fruchtbarkeit zumindest zu bewahren. Diese Erkenntnis führte zur Entwicklung von Mineraldünger, der bald schon wegen des großen Bedarfs in Düngemittelfabriken erzeugt wurde. Damit gelang es zu Beginn des 20. Jahrhunderts, den Ertrag, vor allem an Getreide, wesentlich zu steigern.

Begleitet wurde dieser Prozess von einer schnell fortschreitenden Mechanisierung. Diese Entwicklung schritt unaufhaltsam voran und führte zu einem erheblichen Abbau von Arbeitskräften, die nun in der Landwirtschaft nicht mehr benötigt wurden. Diese Technisierung begann zunächst mit der Verbesserung der traditionellen Geräte. Dabei wurden in einem ersten Schritt die Holzteile durch Eisen und Stahl ersetzt. Dadurch wurden die meist stark beanspruchten Gerätschaften wesentlich stabiler und leistungsfähiger. Gleichzeitig entwickelte man aber auch neue Maschinen, die verschiedenste Arbeiten übernehmen konnten, zu deren Erledigung bislang viele Hände zugreifen mussten. Tiefer gehende Pflüge und Getreideputzmaschinen, die das wertvolle Saatgut von Unkrautsamen trennen konnten, bewirkten eine spürbare Steigerung der Erträge. Das Mähen, Säen, und Heuwenden übernahmen jetzt in wesentlich kürzerer Zeit Maschinen und verdrängten immer mehr Knechte und Mägde. Die Dampfdreschmaschine löste das zeit- und arbeitsintensive und damit kostenträchtige Dreschen von Hand ab. Die Maschinen erleichterten und beschleunigten zwar die anfallende Arbeit, begannen aber auch allmählich die Menschen zu ersetzen.

Dampfdreschmaschine

Dafür entstanden jedoch an anderer Stelle eine ganze Reihe neuer Arbeitsfelder. Mechaniker reparierten die defekten Maschinen, die Bedienung der Dreschwägen mit ihrer anspruchsvollen Technik konnte nur von dafür ausgebildeten Maschinisten durchgeführt werden.

Einen weiteren Schub erfuhr diese Entwicklung vor Beginn des Ersten Weltkrieges durch den Einsatz von elektrischem Strom. Elektromotoren trieben alsbald viele landwirtschaftliche Geräte an und lösten die teueren, schweren Dampfmaschinen ab. Der Strombedarf wuchs deshalb auch auf dem Land rasch an. Sämtliche von Elektromotoren angetriebenen Maschinen hatten einen vergleichsweise geringen Platzbedarf und waren viel einfacher zu bedienen, als ihre dampfenden, pfauchenden Vorgänger. Allerdings waren sie zunächst ausschließlich für den stationären Einsatz konzipiert. Alle übrigen bäuerlichen Gerätschaften, die zur Bearbeitung der Felder und Wiesen in Gebrauch waren, wurden bis weit ins 20. Jahrhundert hinein von dazu abgerichteten Zugtieren, von Pferden, Ochsen und Kühen gezogen.

Während des Ersten Weltkriegs, als ein erheblicher Teil der Arbeitspferde requiriert und ebenso wie viele Bauern und Knechte zum Kriegsdienst herangezogen wurden, kam es, zumindest in den ärmeren Landesteilen, durchaus vor, dass Frauen, Kinder und Alte die Pflüge durch den schweren, steinigen Boden zogen.

Ohne Pflug kein Ackerbau

Bis weit in die Zeit, als sich unsere Vorfahren von umherziehenden Nomaden zu sesshaften Ackerbauern und Viehzüchtern entwickelten, reicht die Geschichte von Gerätschaften zurück, die dem Aufbrechen des Bodens dienten. In die so geöffnete Erde konnte dann der Samen gestreut werden, der Grundlage war für eine möglichst reiche Ernte, die wiederum das Überleben der Menschen, die Existenz der Sippe sicherstellte. Für diese Arbeit wurden im Laufe der Jahrhunderte verschiedenste Geräte entwickelt. Ab dem Mittelalter schon hatten die Pflüge am hinteren Ende zwei Griffe, die es ermöglichten, den Pflug zu führen und zu lenken. Eine ganz entscheidende Neuerung war schließlich der aus Eisen geschmiedete Pflugkörper mit Streichblech und Schar, der an einem hölzernen Gestell mit zwei Rädern angebracht war. Im Laufe der Jahre entstand eine Vielzahl unterschiedlicher Pflugformen, die ständig den verschiedenen Anforderungen, Einsatzgebieten und Zugmaschinen angepasst wurden.

Kühe und Pferde zogen die Pflüge

Der Traktor

Liebling der Bauern

Bis zum Ersten Weltkrieg gab es in der Landwirtschaft in Bezug auf die Bearbeitung des Bodens kaum spürbare Veränderungen. Pferde und Ochsengespanne zogen nach wie vor die Eggen und Pflüge über die Felder. Ihre Zugkraft bestimmte die Größe und Form der Ackergeräte. Eine anstrengende und mühevolle Arbeit für die Menschen, welche die Pflüge führen mussten. Dieser für Mensch und Tier schwere körperliche Einsatz war sogar ursächlich für ein Flächenmaß, das zumindest bei uns in Bayern bis in unsere Zeit hinein immer noch gebräuchlich ist: Das so genannte „Tagwerk". Was also von früh morgens bis zum Abend an Ackerfläche bearbeitet werden konnte, wurde in eine vereinheitlichte Zahl gefasst und als „ein Tagwerk" bezeichnet.

Ähnlich wie bei der Eisenbahn kam bei der technischen Entwicklung von Zugmaschinen für die Landwirtschaft zunächst auch die Dampfmaschine zum Einsatz. Allerdings waren diese ersten selbstfahrenden Lokomobile, also dampfbetriebene Traktoren, sehr schwer, für die meisten Bauern unerschwinglich teuer und in der Handhabung alles andere als einfach. Dampfmaschinen kamen in der Landwirtschaft vornehmlich beim Dreschen von Getreide zu einem sinnvollen Einsatz. Allerdings war anfänglich der mit dem Betrieb der pfauchenden Ungetüme verbundene Funkenflug gefährlich. Mehrfach wurden dadurch große Brände ausgelöst.

In den Jahren nach dem Ersten Weltkrieg kam es schließlich auf dem Gebiet der Zugmaschinen zu einer grundlegenden Neuerung. Die Hersteller stiegen um auf den Einsatz von Verbrennungsmotoren als Antrieb. Bald schon gelang es, vergleichsweise leichte Zugmaschinen zu produzieren, die sich auch mittelständische Betriebe leisten konnten. Die Erfindung des Traktors löste, wenn man so will, einen gewaltigen Umbruch in der Landwirtschaft aus. Diese kraftvolle, wendige Zugmaschine griff tief ins Leben auf dem Bauernhof ein und verursachte zwangsläufig auch große soziale Veränderungen. Viele Arbeitskräfte wurden verdrängt. Andererseits konnte die Produktivität enorm gesteigert werden. Letztlich also ein Gewinn für die gesamte Bevölkerung.

Marktführer in Deutschland bei der Fabrikation von Bulldogs war anfangs die Firma Lanz in Mannheim. Bereits ab 1921 wurden hier Verbrennungsmotoren als Antrieb eingesetzt. Ab Beginn der 1930er Jahre setzte sich dann der Dieselmotor als Antriebsquelle schnell durch. Jetzt entwickelten eine ganze Anzahl von Firmen, wie beispielsweise Hanomag und Deutz, unterschiedliche Traktoren. Ihr Aussehen hat sich bis zum heutigen Tag nicht grundlegend verändert. Mittlerweile erfreuen sich Bulldogs aus der Traktorengründerzeit großer Beliebtheit, werden gehegt, gepflegt und erzielen gut restauriert erstaunlich hohe Liebhaberpreise. Bei den zahlreichen Treffen dieser historischen Fahrzeuge werden sie voll Stolz gezeigt und bewundert.

Lokomobil

Die Sämaschine

Die vielfältige technische Weiterentwicklung der bäuerlichen Gerätschaften sowie zahlreiche Neuerungen und Erfindungen im Bereich der Maschinen revolutionierten im ersten Viertel des 20. Jahrhunderts die Landwirtschaft geradezu. Die in dieser Zeit entwickelte Sämaschine ist dafür ein gutes Beispiel. Sie zog mit ihrer großen Zahl an Säscharen Rinnen in den Boden, in die darauf durch ein Rohr Samenkörner aus dem Säkasten exakt dosiert eingebracht wurden. Die Furchen wurden anschließend von einem Striegel automatisch wieder geschlossen. Die Vorteile dieser Maschine liegen auf der Hand. Vordem musste der Bauer noch über den Acker gehen und von Hand die Körner aus der Säschürze in breitem Wurf streuen. Da blieben trotz jahrelanger Übung Unregelmäßigkeiten nicht aus und die Vögel pickten die offen liegenden Körner nur allzu gerne auf. Das alles schmälerte den Ertrag beträchtlich. Jetzt dagegen bewirkte der Einsatz der Sämaschine eine gleichmäßige Ablage des Samens in einigen Zentimetern Tiefe, ein gleichmäßiges Aufgehen der Saat und führte zu wesentlich weniger Vogelfraß. Die Produktivität stieg dadurch an.

Frühe Sämaschine

Von der Dreschmaschine zum Mähdrescher

Eine landwirtschaftliche Erfolgsgeschichte

Eine noch weitaus größere Erleichterung in der bäuerlichen Arbeit brachten die Mäh- und fahrbaren Dreschmaschinen, aus deren Kombination sich schließlich die mobilen Mähdrescher entwickelten.

Bis dahin musste das so lebenswichtige Getreide in einer Reihe von Arbeitsschritten manuell geerntet und bis zur Lagerfähigkeit bearbeitet werden. In einem ersten Schritt wurde das Getreide mit Sicheln und Sensen geschnitten. Frauen banden es darauf zu Garben, die aufgestellt und aneinander gelehnt zur Nachreife und zum Trocknen noch einige Zeit auf dem Feld stehen blieben.

Musealer Dreschwagen

Kornernte im Bayerischen Wald um 1922

Anschließend transportierte man die Garben zum Bauernhof, wo sie dann in der Scheune, auf der Tenne mit Dreschflegeln so lange bearbeitet wurden, bis die Körner ausfielen. Darauf wurde das Getreide durch Sieben oder mithilfe von Windmaschinen, den so genannten Putzmühlen, gereinigt. Die Spreu wurde vom Weizen getrennt. All diese Arbeitsschritte waren sehr zeitaufwändig, kraftraubend, mühselig und, bedingt durch die stetig gestiegenen Löhne, ausgesprochen kostenträchtig. Das maschinelle Dreschen erleichterte die Arbeit enorm und ermöglichte eine ansehnliche Steigerung der Getreideproduktion.

Sensen und Rechen

Die Eisenbahn

Ein Segen für den ländlichen Raum

Insgesamt positiv wirkte sich der ab 1840 einsetzende Ausbau des Eisenbahnnetzes aus. Gegen Ende des 19. Jahrhunderts erreichten die Schienen der so genannten Ostbahnen auch den Bayerischen Wald. Der Landesregierung war diese Entwicklung jedoch durchaus suspekt. Man befürchtete eine allzu große Mobilität der Bevölkerung und sich eventuell daraus ergebende schwer einschätzbare politische Folgen. An höchster Stelle hatte man Angst vor „einer somit erleichterten Zusammenrottung von Individuen" und den eventuell daraus entstehenden unkalkulierbaren „Unruhen". Aufhalten ließ sich jedoch die Ausweitung einer verbesserten verkehrsmäßigen Erschließung auch entlegener Gebiete durch die Eisenbahn nicht mehr.

Der Transport von Gütern aller Art, von Kalk, Getreide und anderen landwirtschaftlichen Produkten, vor allem aber von Holz und dem heimischen Granit wurde enorm erleichtert. Am meisten profitierten natürlich die Orte und Betriebe von dem neuen Transportmittel, die unmittelbar an der Trasse lagen. Eine Reihe neuer Arbeitsplätze entstand dadurch. Vielen Menschen, die im Handwerk kein Auskommen mehr fanden und wegen der zunehmenden Mechanisierung auch in der Landwirtschaft nicht mehr unterkamen, eröffneten sich neue Möglichkeiten für einen auskömmlichen Verdienst.

Sägewerk bei Waldkirchen

Dampflokomotive

Wer trotzdem keine Arbeit fand, suchte sein Glück in der Fremde. So verließen sowohl Einzelpersonen als auch komplette Familien aus wirtschaftlicher Not die Heimat, wanderten aus nach Amerika oder versuchten in den Städten der näheren und weiteren Umgebung Arbeit zu finden. Viele von ihnen kamen in den neu entstandenen Industriebetrieben unter. Bayern, Deutschland, ja eigentlich fast ganz Europa befand sich in einem wirtschaftlichen Umbruch.

1895 bis 1946

Ein geschichtlicher Überblick

Zum besseren Verständnis der Lebensumstände der Menschen soll an dieser Stelle ein großzügiger Überblick die wirtschaftlichen und sozialen Hintergründe und die politischen Veränderungen in diesem Zeitraum verdeutlichen.

Die Ursachen für die Umschichtungen im Sozialgefüge, in der Struktur der Gesellschaft reichen weit zurück in das 19. Jahrhundert. Die Aufhebung des Zunftzwangs und die endgültige Einführung der Gewerbefreiheit wirbelten die über Jahrhunderte tradierte Ordnung innerhalb der Handwerkerschaft gehörig durcheinander. Vielen etablierten Handwerksbetrieben erwuchs dadurch mitunter eine gewaltige Konkurrenz. Wer sich rasch den neuen Möglichkeiten öffnete, die sich damit ergaben, konnte großen Nutzen daraus ziehen. Wer sich den Neuerungen verschloss, blieb häufig auf der Strecke.

Von der Gründung des Zollvereins 1834 und dem damit verbundenen Fallen vieler Zollschranken profitierten in erster Linie die Landwirtschaft und die damals verstärkt einsetzende Industrialisierung. Dem Handwerk dagegen erwuchsen aus der nun erleichterten Einfuhr gewerblicher Produkte große Nachteile. Der Niedergang weiter Handwerksbereiche war damit vorgezeichnet. Außerdem bekam das Handwerk in Bayern durch die schnell steigende Anzahl von Fabriken gleich von mehreren Seiten Schwierigkeiten. Soziale Spannungen und gesellschaftliche Veränderungen waren damit vorprogrammiert.

Der Krieg gegen Frankreich 1870/71

In der zweiten Hälfte des 19. Jahrhunderts kam es durch die politische Entwicklung aber auch zwischen den einzelnen Nationen zu vermehrten Spannungen. Vor allem zu Frankreich verschlechterten sich die Beziehungen. Letztendlich beschloss der Landtag den Kriegseintritt Bayerns gegen Frankreich. Aufgrund der verhassten, neu eingeführten allgemeinen Wehrpflicht, mussten viele junge bayerische Rekruten 1870 in den Krieg ziehen. Weitreichende politische, gesellschaftliche und auch wirtschaftliche Folgen ergaben sich dann aus dem 1871 erfolgten Beitritt Bayerns zum gerade gegründeten deutschen Kaiserreich. Die hohen Kriegsentschädigungen, die Frankreich nach dem verlorenen Feldzug an Deutschland zu zahlen hatte, lösten bis in den letzten Winkel des Kaiserreichs einen beachtlichen Wirtschaftsaufschwung aus. Deutschland wurde nach dem militärischen Erfolg zum mächtigsten Staat Mitteleuropas.

Das wiederum erweckte bei den Nachbarstaaten zunehmend Argwohn und führte zu Gegenreaktionen, welche die vermeintlich aufkommende wirtschaftliche Übermacht Deutschlands zügeln sollten. Schutzzölle auf viele Güter erschwerten den Handel. Einfuhrzölle für Getreide aus Übersee wurden zu einer großen Belastung. Dazu kam noch ein gewaltiger allgemeiner Wettbewerb auf dem Weltmarkt. Dies alles führte schließlich 1873 zu einer tiefen Depression, zum wirtschaftlichen Niedergang, der wiederum viele Arbeitskräfte freisetzte. Arbeitslosigkeit und Lohnsenkungen haben eine gewaltige sozialpolitische Sprengkraft. Sie stellen für Staat und Gesellschaft eine große Gefahr dar. Das bewog wohl Reichskanzler Bismarck 1883 zur Einführung von Gewerbeaufsicht, Arbeitsschutz sowie Kranken-, Alters- und Invalidenversicherung. Eine Maßnahme, die von großer humanitärer Bedeutung war. Ab diesem Zeitpunkt hatten die Menschen ein Recht auf Unterstützung und waren nicht mehr auf die Wohltätigkeit der Mitmenschen angewiesen.

Die Bevölkerungsentwicklung in Bayern von 1840 bis 1939

Zwischen der Entwicklung der Wirtschaft und der Bevölkerung besteht ein enges Abhängigkeitsverhältnis. Im Laufe der Geschichte wird immer wieder deutlich, welch großen Einfluss die Versorgung der Menschen mit Nahrungsmitteln auf politische Entscheidungen hat.

So wurde im 19. Jahrhundert die Geburtenrate niedrig gehalten, indem man Eheschließungen durch vielerlei Auflagen erschwerte. Grund dafür war in erster Linie die Furcht, man könne nicht noch mehr Menschen mit ausreichend Arbeit und Brot versorgen. Diese Beschränkungen wurden erst aufgehoben, als die Wirtschaft wuchs und nach mehr Arbeitskräften, aber auch Konsumenten verlangte. Innerhalb kurzer Zeit kam es dadurch in Bayern, wie auch in fast allen europäischen Ländern zu einer beträchtlichen Zunahme des Bevölkerungswachstums. Verstärkt wurde diese Entwicklung außerdem durch die verbesserten Arbeits- und Lebensbedingungen. Ein reichhaltigeres Nahrungsangebot, Verbesserungen auf dem Gebiet der Hygiene und eine angemessene medizinische Versorgung trugen dazu bei, dass auch die Säuglingssterblichkeit landesweit erheblich sank. In der Folge wuchs die Bevölkerung in Bayern von 1910 bis 1939 kontinuierlich von 6,8 Millionen auf 8,1 Millionen Menschen an. Obwohl zwischendurch Kriege, Hunger- und Krisenjahre, sowie mehrere Auswanderungswellen diese Entwicklung immer wieder stark zurückwarfen.

Als der Hunger einzog

Der Erste Weltkrieg

Im Unterschied zu allen früheren europäischen Waffengängen fand der Erste Weltkrieg zwischen weitgehend industrialisierten Ländern statt. Deshalb waren schließlich die wirtschaftlichen Ressourcen der beteiligten Staaten ausschlaggebend für den Ausgang des Krieges.

Nach den Erfahrungen aus dem Krieg von 1870/71 hoffte man darauf, dass die Kämpfe nur wenige Monate dauern würden. Außerdem war man der Ansicht, dass ein moderner Staat nicht in der Lage wäre, lange Kriegszeiten durchzuhalten, weil die damit einher gehenden vielfältigen Einschränkungen auf jeden Fall eine Seite rasch zur Kapitulation veranlassen würde. Nur so ist es zu verstehen, dass sich die Verantwortlichen über die Versorgung der Menschen keine großen Gedanken machten.

Zumindest in den ersten Kriegsmonaten änderte sich in den Ernährungsgewohnheiten der Bevölkerung tatsächlich kaum etwas. Weder auf dem Land, noch in den Städten. Obwohl man sich durchaus bewusst war, dass das Deutsche Reich viele Lebensmittel importieren musste. Sowohl das Konsumverhalten, als auch das Warenangebot in den Lebensmittelgeschäften war zunächst durch den Krieg nicht beeinträchtigt. Erst der Übergang zu einem zermürbenden Stellungskrieg ließ erahnen, dass die Nahrungsmittel, vor allem Getreide bald knapp werden würden.

Der Propagandaspruch: „Ausgehungert kann Deutschland nicht werden", sollte sich in den nächsten Jahren als krasse Fehleinschätzung erweisen. Auf eine erste Einschränkung im Brotverbrauch Ende 1914 folgte bald eine Reihe von Sparappellen, die durch Zeitungsaufrufe und in Form von Flugblättern und Plakaten vor allem an die Bevölkerung in den Städten herangetragen wurden. Die mittlerweile spürbare Verknappung von Lebensmitteln wurde in erster Linie durch eine Seeblockade der Britischen Flotte ausgelöst. Schiffe aus Übersee mit dem Ziel Deutschland wurden gestoppt und durchsucht. Die Waren wurden beschlagnahmt. Ziel der Seeblockade war es, das Deutsche Reich zur Aufgabe zu zwingen, wenn die zum Überleben nötigen Nahrungsmittel fehlten. Deutschland war längst schon auf Importe von Milchprodukten, Kraftfutter, Kunstdünger, Baumwolle und anderer Güter angewiesen. Etwa ein Drittel aller Lebensmittel bezog man aus Russland, Polen und Übersee.

Sofort wurde versucht, den Ausfall durch erhöhte Produktivität der inländischen Landwirtschaft auszugleichen. Aber diese Anstrengungen schlugen fehl, mangelte es doch an geeignetem Saatgut, vor allem aber am notwendigen Kunstdünger. In der Folge wurden bald sämtliche Lebensmittel rationiert. Es kam zur Zwangsbewirtschaftung. Ganz schlimm wirkte sich zudem der Mangel an Arbeitskräften aus. Viele Bauern und Knechte erhielten Einberufungsbefehle. Auch ein Großteil der Arbeitspferde wurde zum Kriegsdienst requiriert. Dadurch mangelte es nicht nur in der Landwirtschaft an Zugtieren, es gab auch erhebliche Transportprobleme. Das alles zusammen führte bereits im Spätherbst 1914 zu gewaltigen Ernteausfällen und Engpässen in der Lebensmittelversorgung. Vor allem in den Städten wurden Brot und Kartoffeln knapp.

Um eine einigermaßen gleichmäßige und gerechte Verteilung der vorhandenen Grundnahrungsmittel zu erreichen, wurden Bezugscheine, die so genannten Lebensmittelmarken an die Bevölkerung verteilt. Unter Abgabe eines entsprechenden Kartenabschnitts konnten in den wenigen noch geöffneten Läden die gewünschten Lebensmittel zu einem festgelegten Preis erworben werden. Aber nur so lange der Vorrat reichte.

Und der reichte eben nur in den seltensten Fällen aus. Wer also zuerst da war, hatte die besten Aussichten etwas zu ergattern. Es waren fast ausschließlich die Frauen, die Mütter, die bereits am frühen Morgen oder sogar schon in den Nachtstunden in langen Schlangen vor den Geschäften anstanden, um wenigstens etwas Brot, Milch, Fett und Mehl für ihre Familien, für die Kinder zu bekommen. Häufig reichten die zur Verteilung anstehenden Lebensmittel jedoch bei weitem nicht für alle Wartenden. So schreibt eine Frau Maria Bogner an den Magistrat von Waldkirchen einen Brief, in dem sie darüber klagt, dass „am 28.8.1918 etwa 150 Personen stundenlang um Fett angestanden sind", dass dieses „aber nur für 80 – 100 Personen gereicht" habe. Die Bäcker beschränkten sich längst ausschließlich auf die Broterzeugung. Fleisch wurde nur noch über die städtischen Schlachthäuser gegen Lebensmittelmarken in geringen Mengen abgegeben.

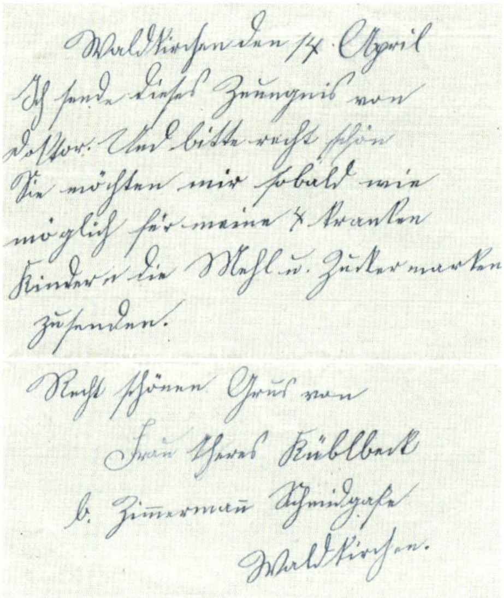

Waldkirchen den 14 April
Ich sende dieses Zeugnis von
doktor. Und bitte recht schön
Sie möchten mir sobald wie
möglich für meine 4 kranken
Kinder die Mehl u. Zuckermarken
zusenden.
Recht schönen Gruß von
Frau Theres Kühlbeck
b. Zimmermann Schmiedgasse
Waldkirchen.

Bittgesuch um zusätzliche Lebensmittelmarken

Das Heft enthält Marken für 5600 gr.

Beim Einkauf von Fleisch und Fleischwaren müssen abgegeben werden

für 100 gr	Marken im Nennwert von
rohes Fleisch von Schlachtvieh jeder Art ohne Knochen, Schinken und Dauerwurst	120 gr
Fleisch von Wild und Geflügel	50 gr
Herz, Leber, Lunge, Milz, Kutteln, Leberkäs, gewöhnliche Leber- und Blutwurst, Kriegswurst	40 gr
alles übrige Fleisch mit eingewachsenen Knochen, Fleisch- und Wurstwaren, Bries, Hirn, Nieren usw.	100 gr

Bauernbrot

In den Städten war die Not ungleich größer, als auf dem Land. Freilich waren auch hier die Lebensumstände weit schwieriger geworden. Es bestand Abgabepflicht für Getreide, Kartoffeln, Fett, Milch und Fleisch, ja sogar für Eier. Die Anzahl der Tiere auf den Höfen musste gemeldet werden und wurde immer wieder unangemeldet streng kontrolliert. Der Umfang der abzuführenden Lebensmittel war festgelegt und erdrückend hoch. Zuwiderhandlungen waren mit hohen Strafen belegt. Und trotzdem ließ sich natürlich so manches für den eigenen Bedarf abzweigen.

Der bürokratische Aufwand für die Zuteilung der Bezugsscheine, die Erstellung und Führung der Abgabelisten, die Kontrolle der abzugebenden Mengen, die Bearbeitung der Härtefälle und Widersprüche aus der Bevölkerung und vieles andere mehr war unglaublich groß und lag im Wesentlichen bei den kommunalen Behörden. So mussten beispielsweise auch alle Bittgesuche um eine Erhöhung der Lebensmittelrationen von den Magistraten bearbeitet werden.

Abgabevorschriften

Beim Einkauf von Wild und Geflügel im Fell oder Federkleid müssen abgegeben werden:

für	Marken im Nennwert von:
1 **Hasen**	**2250 gr**
1 **Kaninchen**	**2000 gr**
1 **Rebhuhn**	**250 gr**
1 **Wildtaube**	**250 gr**
1 **Wildente**	**1200 gr**
1 **Fasan**	**1000 gr**
1 **Birkhuhn oder Haselhuhn**	**300 gr**
1 **Ente**	**1500 gr**
1 **Landhuhn**	**800 gr**
1 **Taube**	**200 gr**

16.07.1915 Das Kgl. Bezirksamt Wolfstein erteilt der Gendarmerie-Station Haidmühle die Genehmigung, dass sich die Mannschaft zu Zeiten der Not mit landwirtschaftlichen Arbeiten befassen darf, wenn dadurch keine Behinderung des Dienstes entsteht und die Arbeiten nicht in Uniform geleistet werden.

28.07.1915 Der Müller Wagner von der Lopiermühle und drei Gendarmen wurden vom Gericht Passau wegen Vergehens gegen die Mahlvorschriften zu Geldstrafen verurteilt. Stationskommandant Wachtmeister Alt der Station Röhrnbach äußert sich kritisch über diese Bestimmungen und vermerkt im Bericht an das Bezirksamt Wolfstein u.a. : „Der Bauer ist noch lange kein Lump, wenn er sich am eigenen Mehl vergreift“.

Auszüge aus Gerichtsprotokollen

Ein Beispiel sei hier angeführt:

Die Bauern mussten nach der Anzahl ihrer Kühe entsprechende Mengen Milch abgeben. Dazu wurden von der Verwaltung in mühseliger Kleinarbeit „Berechtigtenlisten“ erstellt, welche die Namen der so genannten „Milchleute“ aufführten, an die der jeweilige Landwirt in einem festgesetzten Zeittakt Milch in der ausgewiesenen Menge abzugeben hatte. Bei der Abgabe der entsprechenden Milchmenge musste der Bauer Menge und Abgabedatum in die Liste eintragen. Jeder halbe Liter Milch sollte so erfasst werden. Ein riesiger bürokratischer Aufwand. Die „Milchleute“ wurden einem Landwirt von „oben“ zugeteilt und hatten somit keinen Einfluss darauf, bei wem sie die Milch abholen konnten. Weite Fußmärsche waren deshalb oftmals zurückzulegen. Da stellte beispielsweise eine offensichtlich betagte Frau A. Götz aus Waldkirchen beim zuständigen Magistrat den Antrag, man möge ihr „einen näheriger gelegenen Milchplatz“ zuweisen, weil sie wegen ihres fortgeschrittenen Alters „immer schlechter zu Fuß“ sei und die „täglich eineinhalb Stunden hin und her“ nicht mehr „dergehen kann“. Darauf erging nach zwei Wochen der Bescheid, dass „der Klage Führenden“ ein näher gelegener Milchplatz zuzuweisen sei.

Trotz all dieser Erschwernisse hatte die Landbevölkerung in der Regel ausreichend zu Essen, während in den Städten die Not immer bedrohlichere Ausmaße annahm. Dieses Ungleichgewicht war der Grund für die vermehrt einsetzenden, so genannten Hamsterfahrten. In überfüllten Zügen, auf Fahrrädern und zu Fuß machten sich die vom Hunger geplagten Menschen, Frauen mit Kindern und auch alte Leute auf den Weg hinaus aufs Land, um eventuell irgendwo auf einem Bauernhof etwas Essbares erwerben zu können. Viele wurden abgewiesen, weil die Menschen auf den Höfen selbst keine Vorräte mehr hatten. Es war eine weiß Gott erbärmliche Zeit. Glücklich, wer Verwandte auf dem Land hatte und das eine oder andere Stück Fleisch, Butter, Brot, oder etwas Milch für die Kleinen bekam. Die ausufernden Hamsterfahrten und der erhebliche Unterschied in den Lebensbedingungen führten bald zu spürbaren Spannungen zwischen der städtischen und der Landbevölkerung. Immer wieder kam es zu Ausschreitungen und immer öfter auch zu Diebstählen von Lebensmitteln. Die Kartoffeläcker und Getreidefelder wurden zur Erntezeit nicht selten rund um die Uhr bewacht. Vor allem im unmittelbaren Umgriff der Städte.

Um die Versorgung der Bevölkerung zu gewährleisten, wurde im Frühjahr 1916 ein Kriegsernährungsamt eingerichtet. Diese Behörde verfügte umgehend eine Erhöhung der Nahrungsrationen für Schwerarbeiter und eine bevorzugte Belieferung der Rüstungsbetriebe mit Lebensmitteln. Das wiederum bedeutete gleichzeitig eine spürbare Verschlechterung in der Versorgung der Durchschnittsbürger. Außerdem wurde die Verfütterung von Kartoffeln an Tiere verboten. Die Folge war ein massenhaftes Abschlachten von Schweinen wegen eklatanten Futtermangels. Besonders energisch ging das Kriegsernährungsamt gegen die Verheimlichung von Vorräten bei den produzierenden Landwirten vor. Die Regierung hatte durch eine Verordnung die Aufsicht über sämtliche Bestände der Landwirte erhalten. Gendarmen durchsuchten die Bauernhöfe nach versteckten Lebensmitteln, zählten den Viehbestand nach, durchkämmten die Stallungen und Scheunen. Wer die Gesetzesvorgaben missachtete und erwischt wurde, musste mit einer erheblichen Strafe rechnen. Immer wieder kam es zu Denunziationen und

Plakat mit Aufruf des Nationalen Frauendienstes 1915

Anzeigen. Dadurch wuchs natürlich das Misstrauen innerhalb der Dorfbevölkerung. Aber trotz aller Verbote und einer totalen Reglementierung der Nahrungsmittelproduktion bekam die Behörde das Problem nicht in den Griff und scheiterte bei dem Versuch, mit verschiedenerlei Zwangsmaßnahmen eine Hungersnot zu verhindern.

Durch diesen Druck entwickelte sich bald ein reger Schwarzhandel. Der Schleichhandel mit Nahrungsmitteln nahm ungeahnte Ausmaße an. Sogar manche Kommunen beteiligten sich daran, um die eigene Bevölkerung satt zu bekommen.

Dadurch, dass sämtliche Getreideprodukte seit längerer Zeit bis auf ein Existenzminimum reduziert waren und Fleisch- und Wurstwaren nahezu gänzlich im Angebot fehlten, stieg der Kartoffelverbrauch sprunghaft an. Er erreichte Anfang des Jahres 1916 fast das Dreifache der Zeit vor dem Krieg. Die ohnehin schon verzweifelte Lage verschärfte sich noch einmal, als ein verregneter, kalter Herbst 1916 eine Kartoffelfäule verursachte. Die Ernte fiel katastrophal schlecht aus und sank auf die Hälfte des Vorjahres. Und jetzt folgte auch noch ein extrem kalter Winter, der als „Hungerwinter" in die Geschichte eingehen sollte. Der dadurch ausgelöste Mangel an Kohlen machte nicht nur den Privathaushalten zu schaffen, er beeinträchtigte auch den Eisenbahnbetrieb. In der Folge kam es zu erheblichen Transportproblemen. Das verschärfte die Situation zusätzlich, weil die Kartoffeln auf den langen Wegen zu den Verbrauchern bei den tiefen Temperaturen schnell verdarben. Wieder waren es die Bewohner in den Städten, die diese verheerende Entwicklung am meisten zu spüren bekamen.

Deutschland war ernährungswirtschaftlich eigentlich bereits 1916 am Ende. Die Bedeutung der Versorgung der Bevölkerung mit ausreichend Lebensmitteln war völlig falsch eingeschätzt worden. Der Mangel an Nahrungsmitteln wurde mit kriegsentscheidend. Um die Bevölkerung überhaupt am Leben zu erhalten, wurden vor allem in den Ballungszentren, wo der Hunger am offensichtlichsten herrschte, Steckrüben ausgegeben. Diese Kohlart,

Schwarzmarkt

die eigentlich als Viehfutter diente, wurde 1916/17 zum wichtigsten Nahrungsmittel. In der Tagespresse und auf Flugblättern wurden Rezepte zur Verwertung dieser bis dahin küchenmäßig unbekannten Rübenart veröffentlicht. Findige Hausfrauen bereiteten sie auf vielfältige Weise zu und setzten ihren Familien Steckrübensuppe, Steckrübenbrot, Steckrübenpudding Steckrübenkoteletts oder Steckrübenauflauf vor. Ja sogar Marmelade wurde aus Steckrüben fabriziert. Da Fett und Öl kaum mehr zu bekommen waren, fiel der Speiseplan immer ärmlicher aus. Vor allem in den Städten litten die Menschen Hunger. In Suppenküchen versuchte man die Not leidenden Familien einigermaßen zu versorgen. Durch den eklatanten Mangel an Kohle und Holz konnten viele Wohnungen nicht mehr beheizt werden. Ganz offiziell wurden jetzt die Wälder und die Parkanlagen zum Abholzen frei gegeben. Allenthalben machte sich Verzweiflung breit.

Zu den täglichen Anstrengungen und Mühen um die Beschaffung des für das Überleben der Familien Nötigsten, kam bei den meisten Frauen noch die ständige Angst um ihre Männer an der Front. Die großen Verluste an den verschiedenen Kriegsschauplätzen hatten zur Folge, dass immer mehr Männer zum Militärdienst eingezogen wurden. Zuletzt mussten Frauen die frei gewordenen Arbeitsplätze in der Rüstungsindustrie einnehmen. Sie fehlten aber jetzt in der Landwirtschaft. Viele Mütter mussten nun den Haushalt zusätzlich zur Arbeit versorgen. 1917 erreichte die Versorgung der Bevölkerung

Kücheneinrichtung um 1920

mit Lebensmitteln den absoluten Tiefpunkt. Die Brotrationen wurden abermals gekürzt. Per Verordnung vom 9.3.1917 durften in Orten mit bis zu 1500 Einwohnern beispielsweise nur mehr drei Schweine pro Woche geschlachtet werden.

Draußen auf dem Land, in den Dörfern waren die Auswirkungen all dieser Probleme verständlicherweise zunächst weit weniger zu spüren. Hier verbesserte sich die Lage sogar kurzfristig, als das Kriegsamt in Anbetracht der katastrophalen Versorgungslage den Bauern verstärkt Arbeitskräfte, Düngemittel und Pferde zuwies. Teilweise wurden Garnisonstruppen und Kriegsgefangene zur Arbeit auf den Höfen eingesetzt. Aber trotzdem verschlechterte sich die Versorgung der Bevölkerung ständig. Ab dem Frühjahr 1918 begann selbst die Landbevölkerung unter akutem Nahrungsmangel zu leiden.

Mit 900 kcal pro Tag mussten die Menschen damals auskommen. Es klingt geradezu zynisch, wenn man exakt diese Zahl heute in den massenhaften Ratschlägen für gesunde Ernährung oder in einer der aktuellen „Abspeckdiäten" wiederfindet. In diesem Zusammenhang stimmen die Auswüchse unserer heutigen Überflussgesellschaft wahrhaft nachdenklich.

Natürlich verloren die Leute in diesen schweren Zeiten gezwungenermaßen rasch an Gewicht, büßten dabei aber auch ihre Kraft- und Energiereserven ein. Das wiederum schwächte nicht nur ganz entscheidend die kämpfende Truppe an der Front, auch die Widerstandskraft der darbenden Zivilbevölkerung war stark angegriffen. So kam es 1917 zum Ausbruch der Pocken und im darauf folgenden Jahr konnte sich die so genannte „Spanische Grippe" zu einer verheerenden Pandemie ausweiten. Viele Tausend Menschen wurden von dieser hoch ansteckenden Infektionskrankheit dahin gerafft. Von 1914 bis 1918 gingen in Deutschland 800.000 Menschen an den Folgen von Hunger und Unterernährung zugrunde.

In den Großstädten wirkten sich all diese Probleme am schlimmsten aus. Um die Not in den dicht besiedelten Ballungszentren zu lindern, halfen viele Verbände, aber auch Privatpersonen, die dazu in der Lage waren, auf vielfältige Weise. So bemühte sich beispielsweise die Caritas der Diözese Passau darum, Familien auf dem Land zu gewinnen, Kinder aus den arg betroffenen Städten aufzunehmen und über einen längeren Zeitraum hinweg zu versorgen. Solche Zeichen der Solidarität und Menschlichkeit gab es trotz aller Widrigkeiten in erstaunlich großer Zahl.

Allgemein muss man feststellen, dass das Elend und Leid des Ersten Weltkriegs weit weniger im Bewusstsein der Menschen verankert ist, als die Gräuel des Zweiten Weltkriegs. Dabei sind erstmals zwischen 1914 und 1918 in einem Krieg so viele Millionen Menschen gefallen oder haben durch dessen Auswirkungen ihr Leben verloren. Erstmalig seit dem 30-jährigen Krieg, der bereits 300 Jahre zurück lag, gehörte nun die Zivilbevölkerung in einem ungeahnten Ausmaß zu den Opfern.

Die Zeit zwischen den Kriegen

Inflation und Weltwirtschaftskrise – Zeit der Instabilität

Das Ende des ersten Weltkriegs wurde nach all den Jahren der Entbehrungen und der Not, nach den überstandenen Schrecken und Gräueln als große Erleichterung empfunden. Bei den Menschen, die den Krieg einigermaßen heil überstanden hatten, erwachte in der ersten Zeit eine große Lebenslust. Recht bald schon begann die amerikanische Kultur in Europa Einzug zu halten. Jazz und der Modetanz Charleston eroberten die Konzert- und Tanzsäle. Die Kriegsgewinnler und eine reiche Oberschicht lebten in Saus und Braus, während die Unter- und Mittelschicht zunehmend verarmte. Die Niederlage im Krieg, die enttäuschten Erwartungen, die als ungerecht empfundenen Friedensbestimmungen und die nicht akzeptierten Grenzverschiebungen drückten auf die allgemeine Stimmung. In der Folge verschlechterte sich die Versorgungslage zunehmend. Das wiederum war Ursache für eine weit verbreitete Not. Und obendrein führten tiefgreifende wirtschaftliche Veränderungen zu einer hohen Arbeitslosigkeit. Gewalt und Terror flammten auf und lösten etliche Putschversuche aus.

Zur Deckung der Kriegskosten sowie der hohen Reparationsforderungen und zur Unterstützung der Soldaten, Kriegsbeschädigten und Erwerbslosen begann das Reich immer mehr Geld zu drucken. Das mündete schließlich in einer galoppierenden Inflation, die im Spätherbst 1923 ihren Höhepunkt erreichte. Für ganz normale Lebensmittel mussten astronomisch hohe Beträge entrichtet werden.

1734 Ser. J.

Gut-schein

der Marktgemeinde Waldkirchen

über

20000000000 Mk. (zwanzig Milliarden Mark)

Waldkirchen, 25. Oktober 1923.
i. Niederbayern

Gemeinderat des Marktes Waldkirchen.

Bauer, Buchdruckerei Waldkirchen.

„Notgeld" des Marktes Waldkirchen

So kostete beispielsweise in Passau ein Pfund Brot

1920	2,10 Mark
im März 1923	390,00 Mark
im Oktober 1923	1.512.000.000,00 Mark
im November 1923	189.000.000.000,00 Mark

In München kostete im Oktober 1923

1 Maß Bier	80 Milliarden Mark
1 Pfund Brot	37 Milliarden Mark
1 Pfund Fleisch	200Milliarden Mark
1 Pfund Fett	400 Milliarden Mark
1 Ei	15 Milliarden Mark

Die Preise stiegen so rasend schnell an, dass die Entlohnung der Arbeitskräfte nicht mehr Schritt halten konnte. Vor allem die Unterschicht verarmte jetzt dramatisch.

In unserer Familie wird erzählt, dass der Großvater meiner Frau zusammen mit seinen Kindern mit dem Zug von Waldkirchen nach Passau zur Herbstdult fuhr, um vielleicht hier noch etwas Geeignetes kaufen zu können. Er hatte einen prall mit Geldscheinen gefüllten Rucksack dabei und bekam schließlich für die etwa vier Billionen Mark gerade mal drei Luftballone. Das Geld hatte seinen Wert verloren. Um Abhilfe zu schaffen, begann die Regierung eine Währungsreform zu planen. Mitte November 1923 wurden schließlich 1000 Milliarden Papiermark einer so genannten Rentenmark gleichgesetzt. Durch diese annähernd völlige Entwertung des Geldes war vor allem die breite Schicht des Mittelstands verarmt. Vergleichsweise glimpflich kamen die Landwirte davon. Ihr Grundbesitz und der Viehbestand hatten ihren Wert behalten. Trotz allem war Deutschland erleichtert, zumal sich die Rentenmark bald als recht stabil erwies. Das Leben begann sich sechs Jahre nach dem Krieg allmählich wieder zu normalisieren.

Allerdings stellten sich bereits 1929, ausgelöst durch eine Weltwirtschaftskrise, erneut große Probleme ein. Diese verursachten wiederum eine hohe Arbeitslosigkeit. Der Nährboden für Faschismus und Nationalsozialismus war bereitet. Der Weg in die Diktatur war vorgezeichnet. 1933 wurde Hitler zum Reichskanzler ernannt. Das Verderben nahm seinen Lauf.

Genehmigung eines Fettbezugsscheines

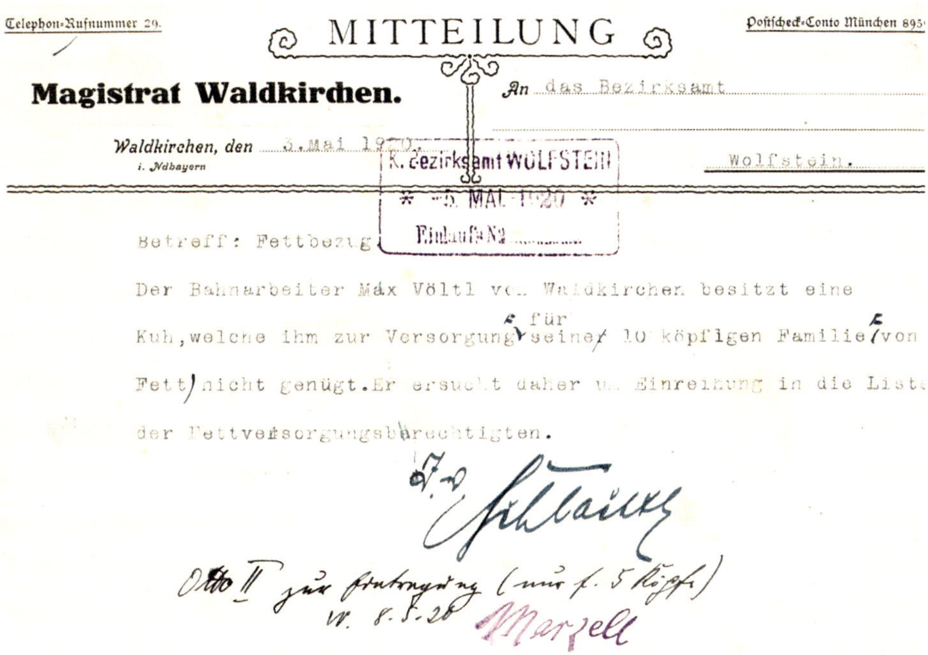

Telephon-Rufnummer 29. MITTEILUNG Postscheck-Conto München 895

Magistrat Waldkirchen.

An das Bezirksamt Wolfstein.

Waldkirchen, den 3. Mai 1920.
i. Ndbayern

K. Bezirksamt WOLFSTEIN
5. MAI 1920
Einlauf-N°

Betreff: Fettbezug

Der Bahnarbeiter Max Völtl von Waldkirchen besitzt eine Kuh, welche ihm zur Versorgung für seine 10 köpfigen Familie von Fett nicht genügt. Er ersucht daher um Einreihung in die Liste der Fettversorgungsberechtigten.

Schrebergärten

Eine Möglichkeit für Selbstversorger

Wie im ersten Weltkrieg bekamen die Bewohner der dicht besiedelten Städte den Mangel an Lebensmitteln wieder am deutlichsten zu spüren. Um die Not etwas zu lindern, wurden seit mehreren Jahren rings um die Städte Kleingartenanlagen, so genannte „Schrebergärten“ ausgewiesen. Die Größe der Parzellen schwankte in der Regel zwischen 60 und 150 Quadratmetern und konnte zu einem geringen Betrag der Kommune abgemietet werden. Wenn von offizieller Seite in den 1920er Jahren Siedlungen für Arbeiter und Angestellte errichtet wurden, gruppierte man die Ein- und Mehrfamilienhäuser gerne um eine relativ große, zentrale Freifläche. Diese wurde nach der Parzellierung den Anwohnern zur Bewirtschaftung zugeteilt. Hinter dieser Maßnahme steckte der Wille des Staates, die Menschen in die Lage zu versetzen, sich wenigstens zum Teil selbst versorgen zu können.

Tipps zur Selbstversorgung

Die Ernährungswirtschaft 1933 – 1945

Ohne Landwirtschaft kein Überleben

Bereits ab 1933 war deutlich erkennbar, dass durch verschiedene Gesetze die Landwirtschaft in den Stand gesetzt werden sollte, die Ernährungswirtschaft unabhängig zu machen von Einfuhren aus dem Ausland. Das zeigt zum einen, dass man aus den schlimmen Erfahrungen des ersten Weltkriegs gelernt hatte, andererseits lässt diese Maßnahme auch vermuten, dass man an höchster Stelle bereits damals schon an einen erneuten Waffengang dachte. Dem so genannten Reichsnährstand waren ab sofort alle Betriebe der Erzeugung landwirtschaftlicher Produkte, aber auch der Be- und Verarbeitung sowie der Verteilung von Nahrungsmitteln untergeordnet. Dem Reichsbauernführer unterstanden die Landes-, Kreis- und Ortsbauernführer.

Sämtliche landwirtschaftlichen Erzeugnisse wurden zwangsbewirtschaftet, mussten also abgeliefert werden. Dieser Zwangsbewirtschaftung unterlag nicht nur das Getreide. Auch die Kartoffeln, Fett, Milch, Käse und vor allem die Rinder, Kälber, Schweine, Schafe, Pferde, selbst das erlegte Wild musste nach Abzug eines geringen Selbstbehalts abgegeben werden. Der Einbehalt der selbst produzierten Lebensmittel war exakt geregelt. Trotzdem ging es der bäuerlichen Bevölkerung vergleichsweise gut. Die Bauern galten als Selbstversorger.

Im Bayerischen Wald beispielsweise mussten pro Huhn oder Ente 60 Eier im Jahr abgeführt werden. Dabei wurden je Haushaltsmitglied eineinhalb Hühner oder Enten nicht mitgezählt. Strenge Kontrollen machten eine übergebührliche Selbstversorgung oder gar die Belieferung des Schwarzmarktes nahezu unmöglich, zumindest jedoch sehr gefährlich. Die Strafen waren drastisch. Wie man sich unschwer

Kornfeld

vorstellen kann, ließ sich eine dermaßen bürokratische Regelung kaum vollständig überprüfen. Dazu fehlte das nötige Personal.

Die angegebenen Ernte- und Erzeugermengen entsprachen nicht immer den wahren Gegebenheiten. Milch, Fett, Eier, Getreide, Mehl, Kartoffeln und auch Fleisch, das aus Schwarzschlachtungen stammte, wurden unter der Hand weitergegeben, verkauft oder vertauscht gegen andere Güter. Da wechselte schon mal ein Ballen Stoff, ein Goldarmband oder ein Ring den Besitzer im Tausch gegen ein Stück Fleisch, einen Laib Brot, ein paar Eier oder etwas Butter. Nahrungsmittel hatten in diesen Notzeiten einen ungeheuren Wert bekommen. So mancher findige Landwirt kam so zu einem ansehnlichen „Nebenverdienst". Die überwiegende Mehrheit der Bauern konnte jedoch nicht viel über das abzuführende Kontingent und den eigenen Bedarf hinaus produzieren und gab das Wenige an Verwandte und Freunde ab, die mit den wenig beliebten „Hamsterzügen" aus den Städten kamen.

Ausgelöst durch einen zunehmenden Mangel an Grundnahrungsmitteln und das vom Staat strikt geregelte Verteilungssystem landeten viele Waren auf dem Schwarzmarkt. Von offizieller Seite wurde dies als „Lebensmitteldiebstahl" bezeichnet. Darauf standen hohe Strafen, die aber in Anbetracht des überall herrschenden Hungers kaum abschreckten und wenig Wirkung zeigten.

Der Staat appellierte deshalb an die Moral der Bevölkerung und veröffentlichte immer wieder Sparrezepte, mit deren Hilfe es gelingen sollte, aus dem Wenigen, das noch zur Verfügung stand „köstliche Speisen" zu zaubern. Da verließen sich die Hausfrauen schon lieber auf den eigenen Erfindergeist, vor allem jedoch auf die in den Familien seit Generationen weitergegebenen und erprobten Kochanweisungen.

Versorgung und Ernährung im Zweiten Weltkrieg

Gerade mal ein viertel Jahrhundert war vorübergegangen, als mit dem Überfall auf Polen am 1. September 1939 der Zweite Weltkrieg begann. Wer immer die Schrecken des Ersten Weltkriegs und seine schlimmen Folgen miterlebt hatte, war entsetzt. Von Kriegsbegeisterung war in weiten Kreisen der Bevölkerung keine Spur. Die katastrophale Versorgung mit Lebensmitteln und die Hungerjahre steckten noch traumatisch fest in den Köpfen der Städter. Auch auf dem Land war die Stimmung alles andere als euphorisch. Musste man doch fürchten, dass wiederum Arbeitskräfte eingezogen und die Pferde weggenommen würden.

Dieser miserablen Stimmung in der Bevölkerung war sich das NS-Regime durchaus bewusst. Man hatte aus den schlechten Erfahrungen die Lehre gezogen und bereits 1937 die Rationierung sämtlicher Versorgungsgüter geplant. So wurden nahezu zeitgleich mit Kriegsbeginn Lebensmittelmarken und Bezugsscheine an die Familien ausgegeben. Damit begann erneut das verhasste Schlangestehen, das den Älteren aus der Zeit des Ersten Weltkriegs noch allzu gut in Erinnerung war.

Zur besseren Erkennung und schnelleren Verrechnung waren die Lebensmittelkarten je nach Warenart unterschiedlich gefärbt. So stand Rot für Brot und Backwaren, Grün für entrahmte Milch, Blau für Fleisch, Gelb für Käse und Fett und Rosa für allgemeine Nährmittel. Auf den kleinen Abschnitten waren die Mengen- und Gewichtsangaben aufgedruckt. Die auf den Karten aufgedruckten Lebensmittel standen jedoch keineswegs immer zur Verfügung. Statt Frischmilch gab es häufig nur Trockenmilch, die man mit Wasser anrühren musste. Als Ersatz für Eier wurde Trockenei ausgegeben, statt Kartoffeln gab es Kartoffelpulver. Was die übrigen Nahrungsmittel betraf, so musste man sich mit dem zufrieden geben, was gerade zugeteilt war.

Normalverbrauchern, Kindern und Schwerarbeitern standen ganz unterschiedliche Mengen zu. Jeder Bürger musste sich bei einem Händler als dessen Kunde in eine Versorgungsliste eintragen lassen. Danach richtete sich das Warenkontingent, das dem jeweiligen Geschäft zugeteilt wurde. Zu hohen Feiertagen gab es Sonderzuteilungen. So stand zum Beispiel den Einwohnern von Passau, Regensburg und München zu Ostern pro Kopf ein Ei und an Weihnachten fünf Gramm Fett zusätzlich zur normalen Ration zu.

Wenn in einem Geschäft unvorhergesehen eine Lieferung Gemüse, Obst oder gar Kartoffeln eintraf, so verbreitete sich dies in Windeseile. Aus diesem Grund hatten die Leute stets Taschen, Beutel oder gar Schüsseln dabei. Denn Verpackungsmaterial wurde von den Händlern nicht vorgehalten, das mussten die Käufer selbst mitbringen.

Wie im ersten Weltkrieg bildeten sich tagtäglich ab den frühesten Morgenstunden lange Schlangen vor den Lebensmittelläden, vor den Bäckereien und Metzgereien. Die damit verbundenen Strapazen mussten fast ausschließlich wieder die Frauen und Mütter auf sich nehmen. Ihr aufopferungsvoller Einsatz, ihre Mühen, Sorgen und Ängste, aber auch ihr unglaublicher Erfindergeist, was das Kochen anbelangt, wird bis zum heutigen Tag viel zu wenig beachtet. Sie waren es schließlich, die ihre Kinder und die Alten über diese fürchterliche Zeit brachten. Aus der Not geboren entwickelten die Hausfrauen einen wahrhaft unglaublichen Einfallsreichtum, um aus den wenigen verfügbaren Lebensmitteln etwas Genießbares, ja Schmackhaftes zu zaubern.

Trotz aller Widrigkeiten gab es in Deutschland während des Krieges keine ähnlich ernsthaft bedrohlichen Ernährungsprobleme wie im ersten Weltkrieg, weil zur Versorgung der deutschen Bevölkerung die besetzten Gebiete rücksichtslos ausgebeutet wurden. Außerdem wurden vor allem zur Erntezeit immer wieder Kriegsgefangene in der Landwirtschaft eingesetzt. Zwischen 1939 und 1945 waren so zum Beispiel im Markt Waldkirchen vom Lager Lechfeld 32 Ukrainer, 13 Italiener, 19 Polen, 54 Franzosen, 23 Serben und 2 Belgier zu Arbeiten in der Landwirtschaft eingesetzt. Die Verteilung auf die einzelnen landwirtschaftlichen Anwesen lag in Händen der jeweiligen Gemeinde. Für je sechs Mann war ein Wachmann verantwortlich. Den Leuten ging es vergleichsweise gut. So manche Freundschaft entwickelte sich daraus und wird bis in unsere Tage gepflegt.

Um die Bevölkerung zu beruhigen, erfand die NS-Propaganda immer wieder besänftigende Sprüche. „Keiner soll hungern und frieren" hieß eine dieser Parolen. Daraus machten die geplagten Menschen schnell ein „Keiner soll hungern ohne zu frieren".

Kriegsgefangene in der Landwirtschaft

Not macht erfinderisch

Streuobstwiese

Durch viele erlaubte, geduldete, aber auch verbotene Sammelaktionen in den Wäldern und auf den Wiesen versuchten die Menschen in Notzeiten schon immer das Nahrungsangebot der Natur zu nutzen, um den Speiseplan etwas aufzubessern. Besonders in den Herbstmonaten, zur Erntezeit rückten die Familien aus, um Pilze und Beeren zu pflücken und das Obst von den Alleebäumen zu ernten.

Dann wurde zuhause eingekocht, getrocknet und gedörrt. An den Waldrändern wuchs die Vogel-

Vorratshaltung

Einweckapparat

beere. Sie wurde in großen Glasballonen angesetzt und reifte zu Wein und Likör. Die schwarzblauen Früchte des Hollers wurden zu Mus (mundartlich „Hollerkoch") verarbeitet. Haselnüsse wurden gepflückt und Bucheckern aufgelesen. Diese Früchte waren wegen ihres Ölgehalts besonders begehrt und fanden vorwiegend in der Weihnachtsbäckerei Verwendung.

Auf den Wiesen sammelten die Hausfrauen verwertbare Kräuter

Das Wissen und die Aufzeichnungen der Mütter und Großmütter waren dabei wertvolle Hilfe. Alte Aufzeichnungen verschiedenster Rezepturen aus längst vergangenen Zeiten kamen jetzt wieder zu Ehren. Wenn die Bauern die Kartoffel geerntet hatten, gingen die Leute über die Äcker und sammelten die liegen gebliebenen kleinen Erdäpfel auf. Wenn von den Feldern das Getreide abgeerntet war, streiften Erwachsene und Kinder über die Äcker und lasen die zurückgebliebenen Körner auf, um diese daheim dann zu Mehl zu verreiben. Als es ganz schlimm wurde, mischten die Bäcker in ihrer Not sogar Sägemehl in den Brotteig, um die hungrigen Mägen zu füllen. Zuckerrüben wurden in kleine Schnitzel geschnitten und zu süßem Sirup verkocht. Der diente als Zuckerersatz. Unter Zugabe von etwas Sirup wurden die mühsam abgezupften jungen Fichtentriebe zum so genannten Fichtenhonig verarbeitet. Der schmeckte nicht nur köstlich, er war auch ein bewährtes Heilmittel gegen allerlei Krankheiten und versprach besonders bei Husten Linderung.

Alles einigermaßen Genießbare wurde verwertet. Lebensmittel achtlos wegzuwerfen, wie wir es in der Gegenwart leider täglich erleben müssen, war in dieser entbehrungsreichen Zeit undenkbar. Abfälle gab es eigentlich nicht. Auch nicht, wenn Tiere geschlachtet wurden. Neben dem Fleisch wurden sämtliche genießbaren Innereien einer sinnvollen Verwertung zugeführt. Die Knochen, vor allem jene, die das fettreiche Mark enthielten, waren begehrte Basis für allerlei Suppen. Mark diente auch als Fettersatz. Im Gegensatz zu heute wurden die Schweine gemästet, damit sie möglichst viel Fett ansetzten. Schweineschmalz war sehr begehrt in den Küchen. Häute und Knochen wurden gekocht und ließen Seife entstehen.

Die Wälder lieferten neben allerlei Früchten aber auch den so dringend benötigten Brennstoff. Mit einer entsprechenden Genehmigung durfte Leseholz gesammelt und mit kleinen Leiterwagen nach Hause transportiert werden. Trotz der Androhung drakonischer Strafen wurde gewildert. Viele Hasen und Rehe verendeten kläglich in Fallen und Schlingen. An den Bächen und Flüssen trieben immer wieder Schwarzfischer ihr Unwesen. Die Behauptung, dass in diesen Notzeiten gelegentlich sogar Frösche, Katzen und Hunde dem Hunger zum Opfer fielen mag befremden, beruht aber höchstwahrscheinlich auf Wahrheit. Es ging letztlich ums Überleben. Triebfeder war ein unbändiger Lebenswille. Der bestimmte das Handeln der Menschen und war nicht auszulöschen, selbst als durch einen unsäglichen Bombenkrieg vor allem in den Städten viele Häuser und Wohnungen zerstört waren und die zahllosen Ausgebombten und Vertriebenen notdürftig und schrecklich beengt untergebracht werden mussten.

Rezept für eine „Frösch-Suppe"

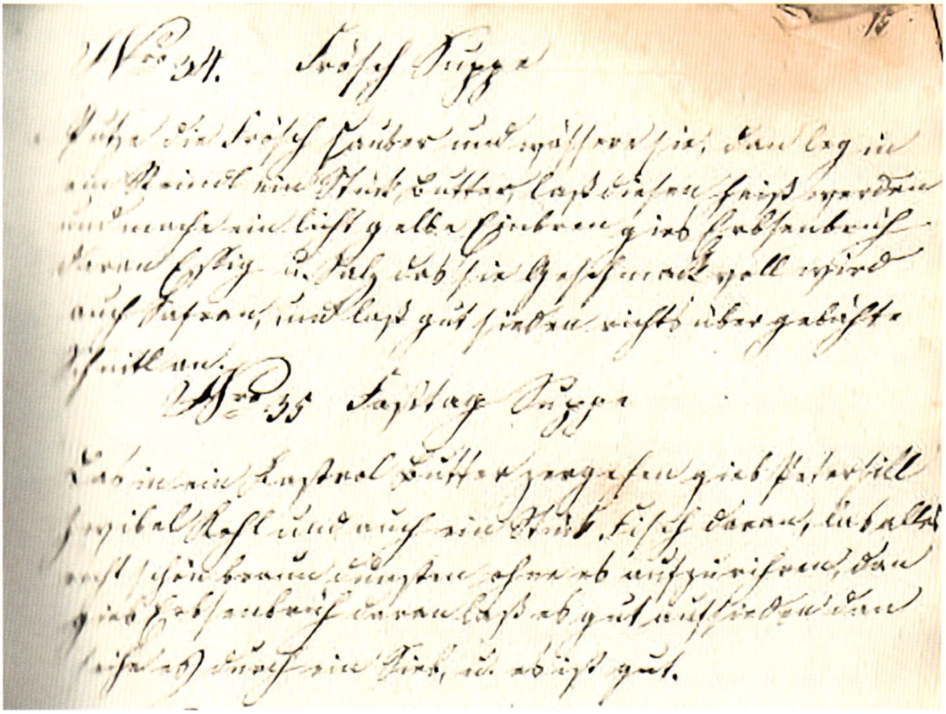

Die Selbstversorger

Die Versorgungslage in den ersten drei Nachkriegsjahren war zunächst erheblich prekärer als in den eigentlichen Kriegsjahren. Nahrungsmittel gab es kaum noch, die Verkehrswege waren ebenso wie die Transportmittel weitgehend zerstört. Dazu kam erschwerend, dass nun viel mehr Menschen zu versorgen waren. Die Ausgebombten aus den zerstörten Städten, die große Zahl von Flüchtlingen und Heimatvertriebenen mussten untergebracht und versorgt werden. Vor allem die Bauern in den Dörfern halfen, die Not dieser bedauernswerten Menschen zu lindern. Kaum ein Haus, das in dieser Zeit keine Flüchtlinge aufnehmen musste. In den Städten und größeren Orten machten die Besatzungsmächte Quartier und setzten die Bewohner auf die Straße. In dieser schlimmen Zeit war die Not am größten.

Wer zu den Glücklichen gehörte, etwas Grund um das eigene Haus zu besitzen wurde, von der Not getrieben, zum Selbstversorger.

Gartenfrüchte der Selbstversorger

Für Zierrasen, Blumenbeete und eine üppige Gartengestaltung, wie man sie heute kennt, stand damals niemandem der Sinn. Man bemühte sich, möglichst viel Essbares aus dem meist recht bescheidenen Areal herauszuholen. So wurden beispielsweise in dem knapp 100 Quadratmeter großen Garten, der zur Dienstwohnung meiner Eltern gehörte, vor allem Kartoffeln, aber auch vielerlei Gemüse und allerhand Kräuter angebaut.

Um den Bedarf an Fleisch zu decken, wurden möglichst viele Kleintiere gehalten

Ein kleiner Hühnerstall beherbergte in seiner Blütezeit an die sechs Hühner und einen Hahn. Eier gab es eigentlich immer.

Den Hasenstall bewohnten fünf wohlgenährte Karnickel. Ein paar Enten quakten um ein kleines Wasserbecken und unterm Dach waren Tauben untergebracht.

Jeder noch so kleine Fleck wurde genutzt. Wir waren bis weit hinein in die ersten schweren Nachkriegsjahre zu partiellen Selbstversorgern geworden. Schwierig gestaltete sich nur die Versorgung der Tiere. Gras und Heu durfte ausschließlich an „herrenlosen" Böschungen und Straßenrändern gewonnen werden. Und selbst hier war die Konkurrenz groß und ein Problem.

Ende des Schreckens

Am achten Mai 1945 erfolgte die bedingungslose Kapitulation Deutschlands. Allein Bayern hatte 255.000 Soldaten im Krieg verloren, 28.500 Zivilisten waren, überwiegend in den Städten, ums Leben gekommen, 200.000 Männer gerieten in Gefangenschaft. 14 % aller Wohnungen waren zerstört; in München waren es 33 % und in Würzburg sogar 72 %. Niederbayern kam dabei mit etwa 3 % relativ glimpflich davon. 57.000 Gebäude waren zerstört, 108.000 stark beschädigt. Besonders schlimm wirkte sich die zerstörte Infrastruktur nach dem Krieg aus. Viele Brücken waren gesprengt, Straßen-, Schienen- und Wasserwege unterbrochen. Ein großer Teil der Straßen- und Wasserfahrzeuge sowie der Eisenbahnwaggons waren vernichtet, die Strom- und Gasversorgung lag darnieder.

Was die Versorgung der Bevölkerung mit Lebensmitteln anbelangt, so waren die ersten Nachkriegsjahre mit die schlimmste Zeit.

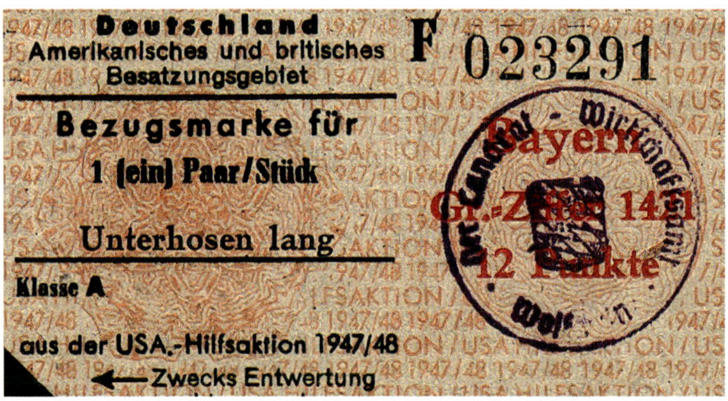

Flüchtlingstreck

Erst mit der Währungsreform 1948 endete die Rationierung der Lebensmittel und Gebrauchsgüter. Die Zeit des Hungers und der Not hatte ein Ende. Bleibt nur zu hoffen, dass die Menschen klug genug sind, einen sicheren Frieden als den einzig richtigen Weg für ein vernünftiges Zusammenleben zu erkennen.

Das zerstörte Waldkirchen

Die Rezepte

Ein großer Teil der alten Rezepte aus den handgeschriebenen Kochbüchern wurde in eine zeitgemäße Form „übersetzt". Ausgewählt wurden dabei vor allem jene Koch- und Backanweisungen aus dem Raum Niederbayern, vor allem aus dem Bayerischen Wald, die in den Zeiten der beiden Weltkriege und den schwierigen Nachkriegsjahren bevorzugt Verwendung fanden. Zeit-, Mengen-, Gewichtsangaben und „verfahrenstechnische" Anweisungen entsprechen somit der heute üblichen Form und können also auch ohne Schwierigkeiten von weniger geübten „Kochlöffelschwingern" nachgekocht werden.

Einer ganzen Anzahl dieser ausgewählten Rezepte sind die Originaltexte aus der ersten Hälfte des 20. Jahrhunderts zugeordnet, wie sie in der damals üblichen Sprache und Schreibweise mit Tinte und Feder in die alten, ganz persönlichen Kochbücher aufgenommen wurden. Häufig trifft man dabei auf ein liebenswertes Gemisch aus altertümlich anmutenden und neuzeitlichen Ausdrücken und Angaben.

Suppen

Verkochte Brotsuppe

10 Scheiben Schwarzbrot
2 Zwiebeln, Wurzelwerk
30 g Fett

Man weicht altes, hart gewordenes Schwarzbrot über Nacht in kaltem Wasser ein. Diesen Brei kocht man nun langsam weich und streicht ihn durch ein Sieb. Dann werden Zwiebeln und Wurzelwerk fein geschnitten, in einer Pfanne mit etwas Fett kurz angeröstet und dann zugedeckt weich gedünstet. Dies gibt man darauf der Brotsuppe zu und lässt alles noch kurz aufkochen.

Mostsuppe

2 gelbe Rüben, 2 Zwiebeln
2 Stangen Lauch
160 g Butterfett
1 ½ l Fleischbrühe, ½ l Most
2 EL Mehl
Salz, Pfeffer
1 TL Zitronensaft
3 EL Sahne

Die Zwiebeln fein schneiden und mit Butterfett in einem Topf glasig andünsten. Das klein geschnittene Gemüse dazugeben, das Mehl darüberstreuen und unter ständigem Rühren wenige Minuten mitdünsten. Jetzt schüttet man die Fleischbrühe dazu und lässt alles zusammen eine knappe Viertelstunde köcheln. Je nach Belieben kann die Suppe durch ein Sieb passiert werden. Mit Salz, Pfeffer und Zitronensaft abschmecken. Daraufhin wird der Topf vom Herd genommen und der Most dazu geschüttet. Mit Sahne wird die Suppe verfeinert. Kurz vor dem Servieren gibt man die gerösteten Brotwürfel in die Mostsuppe.

Braune Suppe

Man nimmt gute Rindfleischknochen, Leber, Milz, Nierenfett, Zwiebel, gelbe Rüben, Petersilie, Selleriewurzeln, schneidet dieses zusammen in einen Tiegel und läßt es weich und braun dünsten, dann gießt man Fleischbrühe daran, würzt sie, läßt sie gut aufkochen, richtet sie an und gibt gebackene Knödel oder Erbsen dazu.

Buttermilchsuppe

½ l Buttermilch
¼ l Vollmilch, Salz
1 EL Mehl
20 g Fett, 5 Scheiben Brot

Die Buttermilch wird zusammen mit der Vollmilch erhitzt. Gib eine Prise Salz dazu. Darauf verrührt man in einer Tasse ein wenig von der Milch mit etwas Mehl zu einem Teig. Beides wird nun zusammengerührt und etwa 7 Minuten schwach gekocht. Wenn die Suppe in die Teller kommt, kann sie noch mit leicht angerösteten Brotwürfeln überstreut werden.

Fasanensuppe

Fasanenknochen werden in einer Fleischsuppe gekocht, dann macht man eine braune Einbrenn, gießt diese mit obiger Suppe auf, gibt in einen Tigel Tomatenpüree, Weßwein, Wacholderbeeren, Lorbeerblätter, Pfefferkörner, Majoran, etwas Paprika, das alles wird gekocht und in die Suppe gegeben; passsiert und eine beliebige Einlage dazu.

Fischsuppe

35 g Butter, 1 gelbe Rübe
1 Petersilienwurzel,
1 kleiner Sellerie
1 Pastinakwurzel, 1 Zwiebel
500 g Fisch Karpfen, Hecht, Schleie, Weißfisch
Salz, 1 EL Mehl
½ l Erbsensud

In einem Topf lässt man Butter zergehen und dünstet darin eine geputzte, in Scheiben geschnittene gelbe Rübe und, jeweils klein geschnitten, eine Petersilienwurzel, Sellerie, Pastinakwurzel und Zwiebel. Dann gibt man den ausgenommenen, geschuppten, klein geschnittenen Fisch dazu, salzt ihn und lässt ihn so lange dünsten, bis er braun geworden ist. Das Ganze wird nun mit einem Kochlöffel voll Mehl gestaubt, aber nicht gerührt. Dann gießt man Erbsensud darüber und lässt alles noch eine Stunde köcheln. Jetzt wird die Suppe durch ein Sieb passiert und wieder erhitzt. Man serviert sie mit gebackenen Erbsen oder Knödelchen.

Fischsuppe für Fasttage

Man reinigt und salzt kleine Fische, wendet sie in Mehl um und bäckt sie im Schmalz heraus. Es werden auch 2–3 Eier und 100 g Semmelbrösel mit gebacken und dann alles zusammen mit den Fischen im Mörser gestoßen. Hierauf gibt man alles zusammen in einen Tiegel und läßt es in Butter dünsten. Dann gießt man Erbsenbrühe dazu und läßt alles gut aufkochen, seiht sie dann durch ein Sieb, frikassiert sie mit 2 Eierdottern und richtet sie über gebähte Semmelschnitten an.

Gemischte Suppe

Schneide Pori, Zelerie, Petersilie, Wirsing klein gewürfelt, laß sie in der Suppe lange kochen, Muskatnuß und Salz drein und richte es parsirt und frikaßirt über gebähtes Brod.

Heidelbeersuppe

1 Ltr. ausgelesene Heidelbeeren werden mit einem kleinen Gläschen Wein, Nelken, Zimmt und den nötigen Zucker 1 Stunde langsam gekocht. Die Suppe wird über geröstete Brotwürfel kalt oder warm angerichtet.

Hirgstmillisuppn

1 l Wasser, 1 Prise Salz
2 EL Mehl, ¼ l saure Milch

Zur Erklärung: „Hirgst" heißt in unserer Mundart der Herbst. Die Hirgstmillisuppn gab es nämlich bevorzugt im Herbst, weil da die klimatischen Voraussetzungen, die Temperatur zum Erzeugen der Hirgstmilli besonders geeignet waren. Die Hirgstmillisuppn ist wohl aus der Not geboren, weil die Bauern zwar in der Regel ausreichend Milch hatten, aber keine Möglichkeit, sie über einen längeren Zeitraum aufzubewahren. Also ließ man die Milch in Tongefäßen so lange stehen (ausstehen), bis sie sauer war. Und schon hatte man die Basis für die Hirgstmillisuppn. Dazu wird zunächst ein Liter Wasser mit einer Prise Salz gekocht. In einem Gefäß verrührt man zwei Esslöffel Mehl mit der Hirgstmilli (saurer Milch) und lässt das Gemisch langsam in das kochende Wasser laufen und schon ist die Hirgstmillisuppn fertig. In diese Suppe wird frisches Bauernbrot gebröckelt oder es werden Salzkartoffeln hineingegeben.

Kartoffelsuppe

450 g Kartoffeln
300 g Suppengrün und Sellerie
Salz, Pfeffer
35 g Schmalz
25 g Speck
1 – 2 Zwiebeln

Die rohen Kartoffeln werden geschält, gewaschen und in kleine Stücke geschnitten. Dann werden sie in Salzwasser mit einem Stück Sellerie, dem Suppengrün und den Gewürzen ganz weich gekocht und zu einem Brei verrührt. Den verdünnt man mit etwas kochendem Wasser und drückt das Ganze durch ein Sieb. Darauf brät man den klein geschnittenen Speck aus und röstet die Zwiebelscheiben darin goldgelb. Diese gibt man zusammen mit in Schmalz gerösteten Brotstückchen über die Suppe.

Knödelbrüh–Suppe

Wenn in den ärgsten Notzeiten Knödel gekocht wurden, schüttete man die Brühe nicht weg, sondern machte eine Suppe daraus, indem man Kartoffelschalen und die Schwarte von Geräuchertem darin kochte. In diese Suppe gab man geröstete Brotwürfel.

Mehlsuppe

½ l Milch, ½ l Buttermilch
60 g Roggenmehl, Salz
2 EL Sauerrahm

Für vier Portionen erhitzt man zusammen ½ Liter Milch und ½ Liter Buttermilch. Mit etwas Wasser wird Roggenmehl zu einem Teig verrührt und langsam in die kochende Milchsuppe eingerührt. Nach etwa 5 Minuten dickt die Suppe etwas ein und wird mit einer Prise Salz gewürzt. Mit etwas Sauerrahm kann die Suppe geschmacklich noch verbessert werden. Beim Verzehr werden noch Bauernbrotwürfel in die Suppe „eingebröckelt".

Rannersuppe (Rotrübensuppe)

Die Ranner werden mit dem Reibeisen gerieben und mit Fleischsuppe aufgegossen, etwas Salz und Pfeffer daran. Einlage: klein geschnittenes Brot, das mit Käse bestrichen und gebacken wird.

Spinatkrapfen-Suppe

Eine Handvoll junger Spinat wird gewaschen, fein gewiegt und in einem Topf mit 30 g Butter, einer halben, fein geschnittenen Zwiebel und einer Prise Salz ein wenig gedünstet. Währenddessen wird eine halbe Semmel in Würfel geschnitten, in Schmalz geröstet, mit einer Tasse voll Rahm übergossen und so eine Zeit lang stehen gelassen. Dann werden 2 Scheiben magerer Schinken fein gewiegt und Brot und Schinken unter den gedünsteten Spinat gemengt. Aus einem dünn ausgewalgten Nudelteig werden nun viereckige Stücke geschnitten und am Rand mit Eiweiß bestrichen. Auf jeden Fleck wird dann ein Eßlöffel voll Spinatfülle gegeben. Darauf werden die Fleckl zusammengeschlagen, am Rand fest zusammengedrückt und eine Viertelstunde auf dem Nudelbratt getrocknet. Dann werden die Küchlein in eine siedende Fleischbrühe gegeben und eine Viertelstunde darin gekocht.

Schoaswurzsuppe (= Schwarzwurzelsuppe)

350 g Schwarzwurzeln
Gemisch aus Wasser, Essig, Mehl
Salzwasser
25 g Fett
25 g Mehl
¾ l Gemüsebrühe, Salz, Pfeffer
1 Prise Zucker
1 Eigelb, 3 EL Sahne

Man wäscht und schabt die Schwarzwurzeln ab. Dann legt man sie ½ Stunde in ein Gemisch aus Wasser, Essig und etwas Mehl. Darauf schneidet man sie in daumenbreite Stücke und lässt sie in Salzwasser etwa 25 Minuten weich kochen. Nun rührt man aus Fett und Mehl eine hellbraune Einbrenne an, die mit Gemüsebrühe aufgegossen wird. Diese Brühe lässt man nun etwa 4 Minuten kochen und schmeckt sie dann mit Salz, Pfeffer und Zucker ab. Darauf werden das Eigelb und die Sahne dazu gerührt und zuletzt die Schoaswurzstückchen dazugegeben.

Suppeneinlagen

Eierkäse

4 Eier, ¼ l Rahm
1 Prise Salz

Eier, Rahm und eine Prise Salz werden in einem kleinen Topf gut miteinander verquirlt und dann so lange ins heiße Rohr gestellt, bis daraus eine feste Masse geworden ist, die sich zerschneiden lässt. Diesen Eierkäse gibt man, in kleine Stücke geschnitten, in die Suppe.

Gebackenes Heu

Aus Butter, Eiern und Mehl macht man einen Nudelteig, walgt ihn nicht zu dünn aus und schneidet lange, schmale Nudeln daraus. Diese werden im heißen Schmalz gebacken und kurz vor dem Anrichten in siedende Fleischbrühe gegeben.

Germwandl

Gieb in einen Hafen 9 Loth (= 160 g) Mehl, 6 Loth (= 110 g) zerlassene Butter, 3 Eßlöffel voll Germ, 5 Eierdötter und 3 Löffel voll Obers. Schlage den Teig gut ab, salze ihn, schmier die Wandl gut aus, fülle sie nur halb an, dann laß den Teig ½ Stunde zugedeckt gehen und back ihn dann.

Lebernöckerl

Wiege eine Leber fein zusammen, treibe etwas Fett ab, schlage Eier daran, gieb die Leber hinein, auch Semmelbrösel, Mehl und etwas süße Milch, salze und pfeffere es, dann schlag sie mit dem Löfferl in die siedende Supp.

Lungenkrapferl

Wiege eine Leber fein zusammen, treibe etwas Fett ab, schlage Eier daran, gieb die Leber hinein, auch Semmelbrösel, Mehl und etwas süße Milch, salze und pfeffere es, dann schlag sie mit dem Löfferl in die siedende Supp.

Mehlnockerl

450 g Mehl, Salz
4 Eier, ¼ l Milch

Man rührt aus Milch, Eiern Salz und Mehl einen festen Teig, den man ½ Stunde ruhen lässt. Nun werden mit einem Esslöffel, der zwischendurch immer wieder in heißes Wasser getaucht wird Nockerl abgestochen. Diese legt man in kochendes Wasser ein und lässt sie darin etwa 20 Minuten leicht kochen. Man kann die Mehlnockerl mit heißer Butter, gerösteten Semmelbröseln oder gerösteten Zwiebeln überschütten.

Mehlnökerl

Thue Mehl in eine Schüßl, schlag ein Ey und ein Dotter darein, salze es, mache es mit Milch an, leg es in siedendes Wasser.

Ochsenzungen oder gebackene Eier

Man setzt Wasser mit Salz in einer Pfanne auf. Sobald es zu sieden anfängt, schlägt man so viele Eier darein, wie man braucht, und läßt sie 2 – 3 Minuten sieden, stellt sie dann vom Ofen weg und läßt sie noch ein wenig anziehen. Hierauf nimmt man sie mit dem Seihlöffel heraus und legt sie auf ein Sieb. Wenn sie abgetrocknet sind, wendet man sie in Eiern und Semmelbröseln um, jedoch mit Vorsicht, damit man sie nicht zerdrückt, bäckt sie im Schmalz und gibt sie auf Sauerkraut oder läßt sie in einer braunen Fischsuppe ein wenig aufkochen.

Spinatkrapfen in der Suppe

Drei Handvoll junger Spinat gewaschen und fein gewiegt und dan in einen Stückchen Butter mit etwas fein geschnittenen Zwiebel und etwas Salz ein wenig gedünstet. Währendessen wird ein halb Milchbrod in Würfel geschnitten in Schmalz geröstet mit einer Tasse voll warmen Rahm übergossen und so eine zeitlang stehen gelassen. Hernach werd zwei magere Schinken fein gewiegt und Brod und Schinken und der gedünstete Spinat vermengt. Aus einen fein ausgewalgten Nudelteig werden vireckige Stücke geschnitten am Rande mit Eiweiß bestrichen einen Löffel voll Spinatfülle eingegeben, zusamen geschlagen fest zugedrückt und eine Viertelstunde auf den Nudelbrett getrocknet. Indessen mach eine Fleischbrühe sident, legt die Kräpfchen sorgfältig hinein und läßt sie eine Viertelstunde darin kochen.

Topfenbrot

1 Pfund Mehl, 1 Pfund Topfen, 2 Eier, 2 – 3 Eßlöffel Milch, eine gute Prise Salz, zu einem festen Teig verkneten, in der Mitte einschneiden, das Backblech einfetten und 1 Stunde backen.

Fleischgerichte

Herrenbeuschl

400 g Kalbslunge
200 g Kalbsherz
200 g Kalbszunge
Sud:
1 l Salzwasser, Wurzelgemüse
1 Zwiebel, Gewürze
Soße:
45 g Butter, 45 g Mehl
2 TL Senf, Salz, ¾ l Sud
6 EL Sauerrahm
4 EL Zitronensaft
1 große Prise Pfeffer

Lunge, Zunge und Herz werden im Sud etwa 1 Stunde weich gekocht. Nach dem Erkalten wird alles in feine Streifen geschnitten. Aus Butter und Mehl wird nun eine helle Einbrenne gerührt, die man langsam mit dem durchgeseihten Sud aufgießt und etwa 4 Minuten aufkochen lässt. Diese Soße schmeckt man dann mit Salz, Pfeffer, Senf, Zitronensaft und Sauerrahm ab. Die Herz-, Lungen- und Zungenstreifen gibt man nun in die Soße und lässt alles zusammen nochmals etwa 10 Minuten leicht köcheln. Am besten passen Semmelknödel dazu.

Gebräuntes Auter (= Euter)

Siede das Auter, salz es während dem Sieden, schneid es blattlicht, salz noch ein wenig, kehr`s in Schmalz um und bresle es ein, laß Butter heiß werden in einer Rein, leg es darein. Wenn es braun ist, kehrt man es um und betropft es mit Rahm und Limonisaft.

Hirnwurst

500 g Hirn wird gehäutet, mit 1 großen Zwiebel, Petersilie und etwas Zitronenschale fein gewiegt. Dann wird 60 g Butter abgetrieben, 2 Eier daran und das Gewiegte, etwas Muskatnuß dazu, mit Salz abschmecken, dazu von 2 Eiklar den Schnee und 100 g Semmelbrösel. Aus der Masse formt man eine Wurst und bäckt sie im Rohr. Besser gibt man die Masse in ein Netz. Hat man ein solches nicht, dann hält man den Teig fester.

Kälberfüße

Butze die Füße, wasche sie, siede sie in Wasser weich, salze sie im Wasser. Wenn sie weich sind, dan zerschneide sie und mache eine dunkel gelbe Einbrenn, gieb Fleischsuppe und Kälberfüßsuppe in die Einbrenn, daß es in der Dicke recht wird, gieb Pfeffer und ein wenig Muschgattnuß darein. Richte sie an und gieb Schnittler darauf.

Kalbsfüße gebacken

Die Kalbsfüße werden geputzt und weich gekocht. Dann wird jeder Fuß in etwa vier Stücke geschnitten. Wenn diese ausgekühlt sind, wendet man sie in geklöppelten, gesalzenen Eiern und in Semmelbröseln und bäckt sie darauf resch im Schmalz. Dazu passt eine Petersiliensoße.

Kalbskopf-Mus

Trockne in Milch eingeweichte Semmeln auf der Glut herunter, treibe ein Stück Butter ab, schlage Eierdotter nach Gutdünken dazu, die Klar zum Schnee; dann schneide einen Kalbskopf mit Zitronenschäle klein zusammen, rühre alles mitsamen gut ab, gieß es in ein Becken und backe es im Rohr.

Kalbsrippen gedämpft

Zuerst spickt man die Rippen mit Speck, salzt und pfeffert sie, dann nimmt man einen Topf, macht darin Schmalz heiß und bratet die Rippchen schön gelb auf jeder Seite, dann tut man schön gewaschenes Wurzelwerk hinein, gießt mit etwas Fleischsuppe auf und läßt sie so lange dämpfen, bis sie weich sind.

Krenfleisch

800 g Schweineschulter
½ l Wasser, 7 EL Essig
7 Pfefferkörner, 1 Lorbeerblatt
4 Wacholderbeeren, Majoran
Salz, 1 Knoblauchzehe
3 Zwiebeln, 100 g Wurzelwerk
150 g Meerrettich, Salz

Das Fleisch wird in portionsgroße Stücke geschnitten. Das Wasser wird mit Essig und sämtlichen Gewürzen zum Kochen gebracht und das Fleisch hineingegeben. 80 Minuten muss es nun darin weich kochen. Erst nachdem das alles bereits 1 Stunde gekocht hat, gibt man das in feine Streifen geschnittene Wurzelwerk und die in Scheiben geschnittenen Zwiebeln dazu. Das Fleisch wird zusammen mit dem weich gekochten Gemüse auf einer vorgewärmten Platte angerichtet, mit der heißen Brühe übergossen und dick mit frisch geriebenem Kren überdeckt.

Kümmelfleisch

1 kg Schweinefleisch von Nacken oder Schulter
2 Zwiebeln, 30 g Fett
Kümmel, Salz, Pfeffer,
2 Lorbeerblätter
2 EL Sauerrahm

Man schneidet Schweinefleisch in Würfel in der Größe wie zum Gulasch und brät es zusammen mit Fett und klein gehackten Zwiebeln in einem ausreichend großen Topf an. Dann würzt man es mit reichlich Kümmel, Salz, Pfeffer und Lorbeerblättern. Nun muss der Braten bei geringer Hitze eine Stunde zugedeckt schmoren. Dann kommen noch Rahm und geriebene Brotbrösel zur Bindung dazu.

Leber in der Soße

Schneid die Leber fein Blätterweis, laß in einer Pfanne Fett recht heiß werden, die Leber hinein und ein wenig anlaufen laßen, Semmelbrösel daran gestreut, dann saurer Rahm, Salz, ein klein wenig Majoran und nur noch ein klein wenig kochen laßen Citronensaft daran und servirt.

Saure Ochsennieren

500 g Ochsennieren
35 g Butter, 20 g Speck
1 Zwiebel, 1 EL Mehl
¼ l Fleischbrühe, Pfeffer, Salz
2 EL Essig, Zitronensaft
2 EL Sauerrahm

Nieren kann man dünsten, braten und grillen. Schweinenieren sind dunkelrot, Rindernieren sind gröber und haben einen strengen Geschmack. Zunächst wird von den Nieren die Fettschicht weggenommen, dann werden sie gründlich gewaschen und der Länge nach aufgeschnitten. Häute und Röhren werden entfernt. Wenn man die Nieren vor der Zubereitung in Milch oder Buttermilch legt, wird der Geschmack gemildert und neutralisiert.

Nach dem Wässern Fett und Röhren entfernen und Haut abziehen. Die Nieren werden für 30 Minuten in Milch gelegt und dann in dünne Scheiben geschnitten. Nun lässt man in einer Pfanne Butter zergehen und lässt darin eine große, fein geschnittene Zwiebel glasig andünsten. Dann legt man die Nierenscheiben hinein und wendet diese ständig um. Wenn sie nach 5 Minuten fast fertig sind, staubt man sie mit Mehl und gießt Essig, Zitronensaft und Fleischbrühe dazu. Unter ständigem Umwenden lässt man alles mehrmals 7 Minuten aufkochen. Auf gleiche Weise wird **saure Kalbs-, Gänse-, oder Schweinsleber zubereitet.**

Saueres Schweinefleisch

Zerstückle Schweinefleisch, gieb es in einen Hafen oder Tegl, schütte Wasser und ein wenig Essig daran, gieb einen abgeschölten ganzen Zwiebl, Lorberblatl, ganzen Pfeffer und Salz daran und siede es. Wenn du es anrichtest, seige die Suppe, thue das Fleisch darein.

Zungenschnitzel

Siede eine rohe rinderne Zung schön weich, dann schneide runde Schnitzel, häute sie ab, salze und pfeffere sie gut und brösle sie ein, dann gieb etwas Butter in ein Kotlettreindl, lege die Zungenschnitzel darauf, brate sie schön braun, betropf sie mit Citronensaft und gieb sie auch als Gemüseauflage.

Rinderzunge mit Zwiebelsoße

700 g Zunge (Kalb, Rind)
Salzwasser, 30 g Fett, 2 EL Mehl,
1 TL Zucker, 1 Zwiebel
¼ l Fleischbrühe, 1 EL Essig,
1 Lorbeerblatt, 2 Nelken
4 Pfefferkörner, Wurzelwerk,
Schale von ½ Zitrone
Salz, Pfeffer, 1 Prise Zucker,
3 EL Sahne

Kalbs- und Schweinezunge werden frisch zu Gerichten mit Soße verarbeitet. Rinderzunge kann man frisch oder geräuchert kaufen. Die Rinderzunge muss lange gekocht werden und wird bevorzugt kalt aufgeschnitten.

Die Zunge wird sauber gewaschen und in Salzwasser weich gekocht. Dann zieht man die Haut ab und schneidet sie in fingerdicke Streifen. Darauf wird die Soße zubereitet. Dazu lässt man in einem Topf Fett zerlaufen, gibt Mehl dazu und Zucker und wenn diese Einbrenne braun ist, wird noch eine kleine, fein geschnittene Zwiebel mitgeröstet. Unter ständigem Rühren gibt man nun Fleischbrühe, Essig, Lorbeerblatt, Nelken, Pfefferkörner sowie Zitronenschale dazu und schmeckt mit Salz, Pfeffer, Zucker und Sahne ab. Diese Soße lässt man jetzt ¼ Stunde köcheln, legt dann die Zungenscheiben hinein und lässt das Ganze noch einige Male aufkochen. Danach legt man die Zungenschnitten auf die Teller und gießt die Soße darüber.

Russenkotelett

450 g Schweine- oder Kaninchenhackfleisch
1 Ei
Salz, Pfeffer, Muskat
1 große Zwiebel, Petersilie
15 g Butter
Mehl, 1 Ei, Semmelbrösel zum Panieren
70 g Schmalz

Das Hackfleisch wird mit fein geschnittener Petersilie, glasig gedünsteter Zwiebel, Salz, Pfeffer, Muskat und einem Ei vermischt, abgeschmeckt und durchgeknetet. Aus der Masse formt man kleine, flache Küchlein, die man zum Panieren in Mehl, verquirltem Ei und Semmelbrösel wendet und schließlich in heißem Schmalz herausbäckt. Darüber wird noch fein geschnittene Petersilie gestreut.

Wild

Hasenpfeffer

**1 kg Hals, Herz, Lunge,
Vorderläufe, Bauchlappen
3 El Mehl,
100 g Speck
Pfeffer, Salz, 2 Zwiebeln,
2 Zehen Knoblauch
Rosmarin, Thymian,
2 Lorbeerblätter, 2 Nelken
2 TL Preiselbeermarmelade,
3 EL Kirschwasser
Zitronensaft
¼ l Rotwein, ¼ l Fleischbrühe**

Das Fleisch wird mit Salz und Pfeffer eingerieben und in Mehl umgedreht. Den in kleine Würfel geschnittenen Speck brät man in einer Pfanne zusammen mit den klein gewiegten Zwiebeln und Knoblauchzehen. Dann gibt man die Fleischteile dazu und brät sie an. Nach dem Aufgießen mit Fleischbrühe und Rotwein gibt man noch das Kirschwasser und die Preiselbeeren dazu. Das alles lässt man eine knappe Stunde schmoren. Die Soße wird durchpassiert und mit Zitronensaft abgeschmeckt. Als Beilage empfehlen sich Nudeln oder Kartoffelknödel.

Hasenbraten

Der gut abgehangene und gespickte Hase wird in Butter bei lebhaftem Feuer, auf beiden Seiten gut angebraten, dann kommt etwas Fleischsuppe und Essig daran, einige Zitronenscheiben und 2 Nelken, worauf der Hase weich gebraten wird. Kurz, ehe er fertig ist, gibt man etwas süße Sahne und einen knappen Esslöffel geriebenes Brot in die Pfanne und läßt es gut durchkochen. Nun wird der Hase zerlegt, die Soße durch ein Sieb gegossen und über den Braten gegeben.

Hasenjung

Das Hasenjung wird wie das Gansjung zubereitet, nur ist zu beachten, daß man sauren Rahm zur Soße geben kann, wenn man das Hasenjung als Voressen gibt.

Kaninchenbraten

1 kg Kaninchenfleisch
Rosmarin, Salbei, Salz
40 g Butter
1 gelbe Rübe, 1 Zwiebel
½ l Fleischbrühe
5 EL Süßrahm
1 TL Stärkemehl, Rotwein, Sahne für die Soße
1 – 1 ½ Stunden Garzeit bei 220°C

Das gehäutete Fleisch wird mit Salz, Rosmarin und Salbei eingerieben. Auf der Herdplatte wird im Bräter die Butter erhitzt, das Fleisch zusammen mit Zwiebel und gelber Rübe hineingelegt und von allen Seiten angebraten. Dann wird alles mit kochender Fleischbrühe übergossen und ins vorgeheizte Rohr geschoben. Immer wieder muss der verdampfte Bratensaft durch Aufgießen ersetzt, und das Fleisch mit Soße übergossen werden. Nach der Hälfte der Bratzeit wird das Fleisch gewendet. Gegen Ende der Garzeit wird der Braten mit Sahne bestrichen. Um eine passende Soße zu bekommen, wird der Bratensaft abgegossen, mit ein wenig Fleischbrühe, etwas Sahne und Wein aufgekocht und mit etwas Stärkemehl gebunden.

Rehschnitzel

5 Rehschnitzel zu je etwa 150 g
Speckstreifen
60 g Fett
Rosmarin, Petersilie, Salz
6 EL Sauerrahm
⅛ l Rotwein

Die Schnitzel sollte man über Nacht in Buttermilch legen. Nach dem Klopfen werden die Schnitzel gespickt und in heißem Fett auf beiden Seiten etwa 5 Minuten lang gebraten. Mit Salz, Petersilie und Rosmarin wird gewürzt. Man bekommt dazu eine gute Soße, wenn man den Bratensatz mit Rotwein und Sauerrahm aufgießt und das Ganze noch etwas aufkochen lässt. Preiselbeeren, Pfifferlinge und Petersilienkartoffeln schmecken dazu besonders gut.

Geflügel

Ganspfeffer

650 g Gänseklein (= Gansjung)
½ l Wasser, ¼ l Essig
250 g Wurzelwerk,
2 Zwiebeln, 1 Lorbeerblatt
Salz, Pfeffer, 2 Nelken,
Muskatnuss
Für die Soße:
35 g Gänsefett, 2 EL Mehl,
1 TL Zucker
½ l Sud, 1 Spritzer Zitronensaft
3 EL Sauerrahm, Petersilie

Dazu nimmt man Kopf, Hals, Flügel, Beine, Magen, Herz und Leber. Nachdem aus dem Kopf die Augen genommen wurden, spaltet man ihn und trennt den Schnabel ab, teilt den Hals in zwei Teile, ebenso die Flügel und die Beine, von denen die Zehen abgetrennt wurden. Dies alles wird nun in Wasser, Essig, in Scheiben geschnittene Zwiebeln, Lorbeerblatt, Wurzelwerk, etwas Salz und Pfeffer, Nelken und ein wenig Muskatnuss weich gekocht. Dann macht man eine mittelbraune Einbrenne aus Fett, Mehl und etwas Zucker, schüttet den Absud dazu und kocht das Gansjung ca. 10 Minuten darin fertig. Die Soße mit Zitronensaft, Sauerrahm und Petersilie abschmecken. Die Leber darf erst ¼ Stunde vor dem Anrichten in der Soße gekocht werden, da sie sonst hart wird.

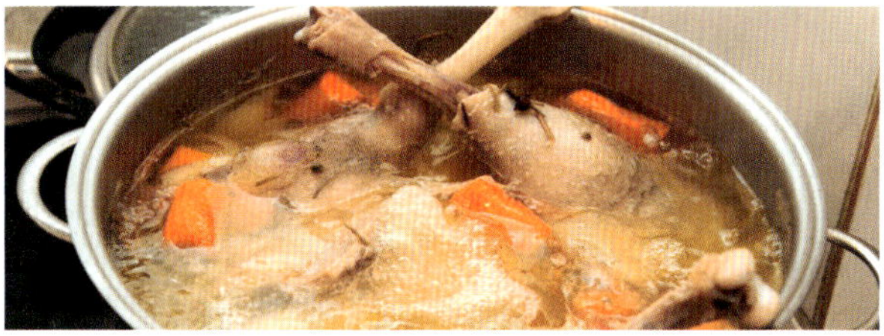

Alter Hahn

Nachdem der Hahn gerupft und ausgenommen ist, zerkleinert man ihn. Dann schüttet man ½ l Gemisch aus kochendem Essig und Wasser daran, gibt 1 geschnittene Zwiebel, die Schale von 1 Zitrone, 3 Lorbeerblätter und 1 Gewürznelke dazu und läßt den Hahn 2 Tage darin liegen. Dann läßt man ihn weich kochen, löst das Fleisch von den Knochen und läßt ihn in einer braunen Einbrenne dünsten. Darauf schüttet man die Fleischsuppe darüber.

Rebhühner in Rotweinsoße

3 Rebhühner,
1 Gewürzdosis
1 Knoblauchzehe,
3 Wacholderbeeren
½ l Rotwein, Salz, Pfeffer
100 g Speck
Zum Dünsten:
30 g Butter, 190 g Zwiebeln
30 g Rauchfleisch
Marinade zum Aufgießen
Pfeffer, Salz, Petersilie
1 EL Speisestärke
70 g Pfifferlinge

Die ausgenommenen Rebhühner werden zusammen mit Wacholderbeeren, Gewürzdosis und Knoblauch in einen Topf gelegt und mit Rotwein übergossen. Über Nacht lässt man sie marinieren. Nachdem die Rebhühner abgetrocknet wurden, reibt man sie mit Salz und Pfeffer ein und umwickelt sie mit dünnen Speckscheiben. Nun werden das Rauchfleisch ebenso wie die Zwiebeln in kleine Würfel geschnitten und in Butter 4 Minuten angebraten. Darin werden nun die Rebhühner von allen Seiten angebraten und dann mit der halben Marinade überschüttet. Jetzt gibt man sämtliche Gewürze dazu und lässt alles ¼ Stunde zugedeckt dünsten. Dann gibt man den Rest der Rotweinmarinade dazu und lässt das Ganze wiederum etwa ¼ Stunde fertig dünsten. Ältere Rebhühner haben eine Garzeit bis zu 1 ½ Stunden! Dann nimmt man sie heraus, halbiert sie und nimmt die Speckscheiben ab. Die Soße wird mit Speisestärke gebunden, abgeschmeckt und köchelt zusammen mit den Pfifferlingen noch etwa 10 Minuten. Die Rebhühner werden in der Soße zu Tisch gegeben.

Gebratener Gockel

Die Gockel werden abgestochen, gebrüht, abgerupft, ausgenommen und gewaschen. In einen Tiegel giebt man Wurzelwerk und Schmalz, bestreut den Gockel mit Salz und Pfeffer, legt ihn in den Tiegel und bäckt ihn schön braun.

Tauben in schwarzer Soß

Wenn man die Tauben absticht, laßt man das Blut in Essig laufen, daß es stockt, dann werden die Tauben geputzt, zu Vierteln geschnitten und sauber ausgewaschen, dann in eine Rein gegeben mit Eßig, ein wenig Fleischsuppe, Zwiefel, Lorbeerblätter, Nägl und Salz. Dünste es, bis es weich wird, dann leg die Tauben heraus, mach ein Teigl von Butter und Mehl, leg es in die Soß, laß es gut sieden. Die übrige Fleischsuppe und ein Blut seiht man durch, legt die Tauben darein, laß es mit Limonieschälln sieden.

Rebhühner in der Soß

Man überbratet die Rebhühner, schneidet dann Brüstel, Flügel und Füssel heraus. Das Gerippe stoße mit gepfarzten Semmel recht fein, dann dünste es in Butter recht fein, staube es mit Mehl, dann giesse es mit Suppe und rothen Wein auf und etwas Gewürz und Zitronenschaln. Wenn es lange und fein gekocht ist, dann seihe es durch einen Seiher und gieb die transchierten Hühner hinein.

Tauben gefüllt

4 Tauben
Füllung:
2 Semmeln, 50 g Semmelbrösel
4 Eier, Salz, 20 g Butter
⅛ l Milch, 2 EL Sahne
2 Zwiebeln, Petersilie, Zitronenschale
20 g Butter, Pfeffer
Innereien der Tauben

Man schneidet alte Semmeln in kleine Würfel und gibt dazu Semmelbrösel in eine Schüssel und übergießt sie mit einem verquirlten Gemisch aus heißer Butter, Eiern, Salz, lauwarmer Milch und Sahne. Die Masse muss jetzt eine ¼ Stunde durchziehen. Nun werden fein geschnittene Petersilie und Zwiebel in heißer Butter angedünstet. Darauf dreht man die Innereien der Tauben mit Zitronenschale und Petersilie durch den Fleischwolf. Nun verrührt man alles miteinander und schmeckt mit Salz und Pfeffer ab. Mit diesem Gemisch werden jetzt die Tauben gefüllt, nachdem sie mit Pfeffer und Salz ausgerieben wurden. Die Tauben kommen nun mit der Brustseite nach unten in eine gut ausgefettete Bratreine, die mit Zwiebelringen belegt ist und auf deren Boden zwei Hölzchen liegen, auf die man die Tauben legt. Im vorgeheizten Rohr werden sie bei 240°C etwa 40 Minuten gebraten. Mehrmals mit etwas Flüssigkeit aufgießen und immer wieder mit Soße übergießen. Nach halber Bratzeit die Tauben wenden und auch die Brustseite braun braten.

Wildente gedünstet

Spicke eine Wildente schön kraust, richte einen Tigl mit Wurzlwerk, allerley Gewürz, Fett und Supp ein. Lege die Ente darein und dünste sie weich. Dann nimm die Ente heraus, staube die Wurzeln mit Mehl, laß es gut braun werden, gieß es mit Supp und roten Wein auf, zerschneide die Ente zu Viertel und leg sie in die paßirte Sauce.

Fisch

Hechtenkraut

500 g Weißkraut
20 g Butter
500 g Hecht
4 EL Semmel- oder Brotbrösel

Das geschnittene Kraut kocht man in leicht gesalzenem Wasser mit Butter etwa 2 Stunden lang. Dann kocht man einen ausgenommenen und geschuppten Hecht in Salzwasser, löst nach dem Erkalten die Gräten heraus und zerzupft den Fisch in kleine Stücke. Darauf streicht man eine hitzebeständige Porzellan- oder Glasschüssel mit Butter aus und gibt eine etwa fingerdicke Schicht Kraut hinein. Auf diese kommt dann eine Schicht von dem Hechtfleisch. So fährt man Schicht für Schicht fort. Die unterste und die oberste Schicht muss jeweils Kraut sein. Zuletzt kommen Semmel- oder Brotbrösel darauf. Das Ganze wird im Rohr bei 230°C etwa 30 Minuten gebraten.

Braune Fischsuppe

Für acht Personen setze ein Maaß Erbsen mit Wurzeln in kaltem Wasser zu, dann schneide zwei Pfund Fisch (am besten Karpfen) in Stücke, trockne sie mit einem Tuch ab, thue acht Loth Butter in ein Castroll, lege die Fische hinein, schneide Zwiebel und Wurzel darein, streue so viel Mehl, als du zwischen vier Fingern halten kannst daran, laß ihn dünsten, dass er braun wird. Dann treib die gesottenen Erbsen durch, die Brühe aber gieß an den Fisch, laß alles ½ Stunde kochen, paßire sie durch ein Sieb und richte sie über gebackenen Erbsen an.

Hecht oder Forelle gebacken

750 g Hecht oder Forelle
Zitronensaft, 1 TL Senf, Salz
Zum Panieren:
Mehl, 1 Ei, Semmelbrösel
50 g Fett
Zum Servieren:
Zitronenscheiben, Petersilie

Ist der Hecht (oder die Forelle) geschuppt und ausgenommen, so wird er (sie) gut mit Salz und Pfeffer eingerieben und in Stücke geschnitten, die man dann eine Stunde liegen lässt. Hierauf werden die Fischstücke zunächst in verklopftem Ei und darauf in einem Gemisch aus Semmelbrösel mit etwas Mehl umgewendet. Der Hecht (oder die Forelle) wird in heißem Schmalz etwa 4 Minuten schwimmend gebacken. Mit Petersilie und Zitronenscheiben garnieren.

Hecht blau

Schneide die Hechte in Stücke, thu in die Pfanne Zwiebel, Salz, Lorbeerblatt, Tymian, Pfeffer, Nelken, schütte Wasser und Eßig dazu, laß den Hecht darin sieden, gieße eine weiße Einbrenn mit obigem Sud an, schütte etwas Wein daran, Ingwer, Almedigewürz, und Muskatnuß. Diese Sauce kochen laßen. Die Hechte läßt man im Sud stehen, beym Anrichten rührt man 2 Dotter an die Sauce und giebt sie über den Fisch.

Knödel

Gremmelknödel (= Griebenknödel)

10 Scheiben Schwarzbrot
300 g Grieben
1 ½ Zwiebeln, Petersilie
3 Eier, 200 g Mehl
Salz, Pfeffer

Grieben bekommt man, wenn man Schweinespeck in kleine Würfel schneidet, erhitzt und auf diese Art „auslässt". Dabei entsteht Schweineschmalz und eben auch die Gremmeln, kleine knusperige Speckstückchen. Schwarzbrot wird in kleine Würfel geschnitten und mit Grieben, fein gehackten Zwiebeln, klein geschnittener Petersilie, Eiern und Mehl zu einem Teig vermischt. Dazu kommt noch eine gute Prise Salz und etwas Pfeffer. Jetzt werden kleine Knödel geformt und in siedendes Wasser gelegt. Nach etwa 20 Minuten sind sie fertig.

Faschknöderl

Wiege vom Vortag übrig gebliebenes, gekochtes oder gebratenes Fleisch fein zusammen, so wie auch etwas Zwiebeln und Petersilkräutl, dann treibe ein Stück Butter oder Schweinschmalz pflaumig ab, gieb den Fasch nebst in Milch geweichter Semmel oder Schwarzbrot dazu ,schlage Eierdötter daran, aber nicht von aller Klar den Schnee, dieß alles rühre gut ineinander ab, formir kleine Knöderl und schlage sie dann in die siedende Suppe.

Halbseidene

800 g frisch gekochte Kartoffeln
190 g Stärkemehl
Salz
¼ l heiße Milch
Geröstete Semmelwürfel

Die gekochten Kartoffeln werden geschält, durch eine Kartoffelpresse gedrückt und zum Auskühlen ausgebreitet. Dann werden sie mit Stärkemehl und Salz abgebröselt, mit heißer Milch überschüttet und zu einem Teig geknetet. Nun formt man mit bemehlten Händen Knödel, in deren Mitte man geröstete Semmelwürfel einarbeitet. Man legt die Knödel in kochendes Salzwasser und lässt sie etwa 20 Minuten darin ziehen.

Hirnknödel

Man nimmt 300 g Kalbshirn und 200 g Leber, zieht von beiden die Haut ab, wäscht sie, legt etwas Citronenschalen und Petersilkraut dazu, wiegt es auf einem Brett zusammen, gibt es in eine Schüssel, salzt und würzt es gut mit Pfeffer, gießt zerlassene Butter oder von der Suppe abgeschöpftes Fett darüber und rührt es gut ab, schlägt dann 2 Eier daran, gibt 150 g Semmelbrösel dazu, und mischt es leicht untereinanderund formt kleine Knödel davon, gibt sie in die siedende Fleischbrühe und läßt sie ¼ Stunde leicht fortsieden. Diese Knödel kann man in die braune Suppe geben, man kann sie aber auch backen.

Reiberknödel

2 kg rohe Kartoffeln
Essigwasser
1 kg gekochte Kartoffeln
Salz, Muskat
4 Semmeln
Salzwasser

Mit dem Reibeisen werden 2 kg rohe Kartoffeln in lauwarmes Essigwasser gerieben und dann in einem Tuch ausgepresst. Gleichzeitig kocht man 1 kg Kartoffeln, schält diese dann und drückt sie durch eine Kartoffelpresse. Beide Massen werden nun vermischt und mit Salz und etwas Muskat gewürzt (abschmecken nicht vergessen). Die Semmeln schneidet man nun in Würfel und mischt sie unter die Kartoffelmasse. Wenn der Teig zu fest ist, gibt man etwas von dem Essigwasser dazu, in das die rohen Kartoffeln gerieben wurden. Darauf formt man möglichst gleich große Knödel und legt diese für etwa 25 Minuten in kochendes, leicht gesalzenes Wasser. Probeknödel machen!

Abgetriebene Leberknödl

Wiege Leber, Petersilkräutl und Zwiebel zusamen, treibe March und Butter ab, thu das gewiegte darein, salz und pfeffere es, auch ein wenig Muschgatnuß dazu, verrühre es gut durcheinander und mach es mit Semlbresl an. Bache sie im Schmalz.

Gemüse, Gemüseaufläufe und Salate

Bayrisch Kraut

1 ½ kg Weißkraut
60 g Schweinefett
2 Zwiebeln
1 ½ TL Zucker, Salz, Kümmel
½ l Fleischbrühe
2 EL Mehl, 3 EL Essig
eventuell 120 g Räucherspeck

Das Weißkraut wird geputzt, gewaschen und geviertelt. Wenn der Strunk herausgeschnitten ist, wird es fein geschnitten oder gehobelt. Nun werden im heißen Fett die fein gehackten Zwiebeln mit etwas Kümmel und Zucker glasig gedünstet. Dann gibt man das gehobelte Kraut dazu und lässt es 10 – 15 Minuten zugedeckt dünsten. Mit etwas Fleischbrühe wird aufgegossen und mit Salz abgeschmeckt. Nachdem das Kraut weitere 30 – 40 Minuten zugedeckt gedünstet wurde, bindet man es mit angerührtem Mehl und gibt den Essig dazu. Falls vorhanden kann man noch in kleine Würfel geschnittenen geräucherten Speck anbraten und unter das Kraut geben.

Dorschen

500 g Rüben
30 g Butter
1 TL Zucker
⅛ l Fleischbrühe
1 EL Mehl

Die Rüben werden geschält, in der Stärke eines kleinen Fingers länglich geschnitten und in einem Topf mit Butter, Zucker und Fleischbrühe weich gedünstet. 20 Minuten vor dem Anrichten werden sie mit Mehl angestaubt und mit etwas Fleischbrühe aufgegossen. Dazu gibt man Hirnbavesen, gebackene Kälberfüße oder gebackene Leber.

Gemüse

Gerade in den Städten war es während der Kriege oftmals schwierig, ausreichend Gemüse zu bekommen. Deshalb wurde zum Beispiel Salat mit Brennnesseln oder Radieschenblättern verlängert.

Blumenkohlgemüse

Putze den Blumenkohl, brich ihn in Stücke und siede ihn in Salzwasser, mache die Soße wie beim Spargel und verdünne mit dem Waßer vom gesottenen Blumenkohl, zuletzt laß den Blumenkohl noch aufkochen.

Sauere Bohnen

Schneide die Bohnen länglicht und fein, gieb in ein Reindl Fett, Zwiebelscheiben und ein wenig Eßig, laß alles heiß werden, dann thue die geschnittnen Bohnen hinein, laß sie weich dünsten, staube sie etwas mit Mehl, dann verdünne sie etwas mit Supp.

Saure Bohnen

500 g Bohnen, 1 l Salzwasser
30 g Schmalz, 2 EL Mehl
1/4 l Fleischbrühe
Pfeffer, Salz, 1 EL Essig

Nachdem man die Bohnen abgezogen und länglich geschnitten hat, werden sie in kochendem Salzwasser weich gekocht. Inzwischen macht man von Schmalz und Mehl eine hellbraune Einbrenne und gießt diese mit Fleischbrühe auf, würzt mit etwas Pfeffer und einer Prise Salz und gibt noch Essig und einen Schöpflöffel voll Fleischbrühe dazu. Man lässt diese Soße noch etwas aufkochen und gibt dann die Bohnen hinein. Das Ganze lässt man nun noch 1/4 Stunde kochen.

Erbsenmus

Setze die grünen Erbsen in kalter Supp zu, gieb Wurzl, eine Prise Salz, ein wenig Muskat und Schinkenabfälle daran, laß es weich kochen, laß dann in einem Reindl Fett heiß werden und gesiebte Semlbrösl und Zwiebel darin anlaufen, dann treibe die Erbsen durch in das Reindl, verdünne sie mit Supp und laß sie aufkochen.

Erd und Himmel

1 kg mehlige Kartoffeln
Salzwasser
1 kg Äpfel
1 Prise Salz, 1 Prise Zucker
2 Zwiebeln

Mehlige Kartoffeln werden in Salzwasser gekocht, geschält und mit dem Reibeisen gerieben. Dann werden Äpfel geschält, entkernt, in wenig Wasser weich gekocht und durch die Kartoffelpresse gedrückt. Kartoffel- und Apfelbrei werden miteinander vermengt und mit einer Prise Salz und etwas Zucker abgeschmeckt. Über diesen Brei gibt man beim Anrichten geröstete Zwiebelringe von zwei Zwiebeln. Man gibt dieses Gericht zu Wurst oder Fleisch.

Petersilien-Kartoffelgemüse

700 g gekochte Kartoffeln
30 g Margarine
2 EL Mehl
¼ Zwiebel
Salz, Muskat, Petersilie
¼ l Sahne, ¼ l Fleischbrühe

Aus Butter, Mehl und Zwiebeln fertigt man eine goldgelbe Einbrenne, die man unter beständigem Rühren mit Fleischbrühe aufgießt. Dazu rührt man dann noch Sahne, würzt und lässt alles etwa 7 Minuten kochen. Dann gibt man die geschälten und in Scheiben geschnittenen Kartoffeln dazu und lässt sie zusammen mit reichlich fein geschnittener Petersilie in der Soße ein paar Minuten ziehen.

Gelbe Rüben in Zucker, 1.9.1917

1 Pfund gelbe Rüben werden abgeschabt, länglich geschnitten, im Wasser gekocht, abgeseiht und auf ein Tuch zum Trocknen gelegt. Man schneidet die Schale von 2 Citronen in längliche, ganz feine Streifen, kocht diese extra in Wasser und läßt sie trocknen, wie die gelben Rüben. Auf 1 Pfund gelbe Rüben rechnet man 1 Pfund Zucker und den Saft von 2 Citronen in Wasser. Dann gibt man die getrockneten gelben Rüben und Citronenschalen in den Zucker mit dem Citronenwasser und läßt alles zusammen aufkochen, nimmt dann die Gelben Rüben und die Citronenschalen heraus und läßt den Saft dick einkochen, ehe man ihn über die Rüben und die Citronenschalen gießt.

Hirnwürstl

Treibe ein Stück Butter ab, rühre Eier daran und gesiebte Semmelbrösel, übersiede ein Hirn, häute es rein ab, hacke es klein zusammen, salze und pfeffere es und rühre es gut ab, dann mache in Semmelbrösel länglichte Stritzel aus, backe sie in Schmalz schön gelb.

Kartoffelgemüse

700 g gekochte Kartoffeln
35 g Fett
25 g Mehl, ½ Zwiebel
½ l Fleischbrühe, Salz, Pfeffer
¼ Lorbeerblatt, Majoran, Muskat
2 Essiggurken
2 EL Essig, 2 EL Sahne

Hellbraune Einbrenne aus Fett, Mehl und gewiegter Zwiebel, mit heißer Fleischbrühe aufgießen. Gewürze dazu geben und 12 Minuten kochen. Geschälte Kartoffeln in dünne Scheiben schneiden, 3 Minuten in der Soße köcheln lassen. Essig, Sahne und gewürfelte Essiggurken dazu.

Kartoffelgemüse

1 kg Kartoffeln werden geschält, in dünne Scheiben geschnitten und im Wasser zusammen mit zwei Esslöffel Essig, zwei Lorbeerblättern und einer Gewürznelke langsam gekocht. Aus 20 g Fett und 30 g Mehl wird eine helle Einbrenne gemacht und mit etwas Wasser aus dem Sud aufgegossen. Dazu werden dann die weich gekochten Kartoffelscheiben gegeben. Mit Salz, Pfeffer und etwas Majoran wird abgeschmeckt..

Kohlrabikraut

Nimm Kohlrabikraut, schneide es wie saures Kraut, hernach überschütte es mit kochenden Salzwasser, bis es ein wenig weich wird, seih es ab. Thus in ein kaltes Wasser und drücke es auf eine Kugel zusammen, hernach nimm von dem gekochten Kohlrabi ein wenig Soß in einen Tiegl, thue das Kraut darein, laß es kochen und mach um den Kohlrabi einen Kranz.

Gefüllter Krautkopf

1 Krautkopf
Für die Füllung:
375 g Schweinehackfleisch
1 1/2 Zwiebeln, 2 Knoblauchzehen
Gemüsereste,
50 g geriebener Käse
Petersilie
2 alte Semmeln, 2 Eier,
1/4 l warme Milch
Salz, Pfeffer, 1 TL Senf

Die eingeweichten und ausgedrückten Semmeln werden mit den zerdrückten Knoblauchzehen und den fein gewiegten Zwiebeln und der Petersilie vermengt. Diese Masse vermischt man nun mit dem Hackfleisch, den geschnittenen Gemüseresten und dem geriebenen Käse. Dann schmeckt man mit Salz und Pfeffer ab. In der Zwischenzeit wurde ein Krautkopf in Salzwasser halb weich gedünstet. Mit den einzeln abgelösten Blättern wird eine gefettete feuerfeste Form ausgelegt. Darauf kommen jetzt lagenweise Füllung und Krautblätter. Den Abschluss nach oben bildet eine Lage Krautblätter. Die geschlossene Form bleibt bei 175°C etwa 50 Minuten im Rohr.

Krautwickerl

1 Kohlkopf Weißkraut
Für die Füllung:
225 g Schweinehackfleisch
1 Zwiebel, 1 Knoblauchzehe
Petersilie, 1 alte Semmel
1 Ei
Salz, Pfeffer, Paprika
Zum Dünsten:
1 klein geschnittene Zwiebel
60 g Speck, 1/4 l Fleischbrühe
Salz, Pfeffer, Kümmel, Paprika,
6 EL Sauerrahm

Die Semmel wird in Milch eingeweicht und ausgedrückt, Petersilie, Zwiebel und zerquetschte Knoblauchzehe werden fein gewiegt. Sämtliche Zutaten werden zusammengemischt und mit den Gewürzen abgeschmeckt. Man mengt auch noch einige gekochte, fein geschnittene Krautblätter dazu. Nachdem der Strunk herausgeschnitten wurde, wird der Krautkopf geputzt und etwa 20 Minuten in Salzwasser halbweich gekocht. Nun lässt man den Krautkopf abtropfen und löst die Blätter einzeln ab. Dann legt man auf ein großes Krautblatt jeweils ein kleines, bestreicht es dick mit der Füllung, schlägt die Ränder ein, rollt es auf und bindet es zusammen. In heißem Speck mit fein gewiegter Zwiebel werden die Krautwickerl gedünstet. Nun wird mit heißer Fleischbrühe aufgegossen. Die Rouladen lässt man dann noch 25 Minuten weich dünsten, ehe man sie herausnimmt, den Bindfaden entfernt und die Soße noch mit Sauerrahm verfeinert.

Rannersalat

3 – 4 rote Rüben (= Ranner)
3/4 l leicht gesalzenes Wasser
1/4 l Essig, 2 EL Zucker
3 Lorbeerblätter, 1 Gewürznelke
1 Zwiebel

Die Ranner (rote Rüben) werden in Wasser (heute im Schnellkochtopf) weich gekocht, dann geschält und in Scheiben geschnitten. Dann bereitet man aus leicht gesalzenem Wasser, Essig, Zucker, Lorbeerblättern und einer Gewürznelke einen Sud, in den man nun die Rannerscheiben und eine in dünne Scheiben geschnittene Zwiebel gibt. Man gibt den Rannersalat erst zu Tisch, wenn er mehrere Stunden durchgezogen ist.

Rannerschnitzl

3 Ranner, 1 l Salzwasser
2 EL Mehl, 1 Prise Salz
1 Zwiebel, 20 g Fett

Man kocht die Ranner in Salzwasser, bis sie nicht mehr hart, aber auch noch nicht ganz weich sind. Mit dem Reibeisen werden nun die geschälten Ranner gerieben. Dazu gibt man etwas Mehl, eine fein gehackte Zwiebel und eine Prise Salz. Von diesem steifen Brei sticht man mit einem Esslöffel kleine runde Nudeln ab und legt sie in eine leicht gefettete Pfanne. Man drückt sie mit dem Löffel flach und brät sie sanft heraus.

Rettig

Reibe einen Rettig im Reibeisen, thue ein wenig Essig und Wasser daran, salz ihn und gieb ein wenig Salatöl daran.

Rettichsalat

Salz, Pfeffer, Essig, Öl

Der Rettich wird gewaschen, geschält und mit dem Reibeisen fein gerieben. Dann wird er ausgedrückt und mit Salz, Essig und Öl angemacht. Man kann ihn auch mit Rannersaft (Rote Rüben) rot färben. Eine weitere Variation besteht darin, dass man den Rettich in feine Scheiben schneidet und gut salzt. Dann lässt man ihn ½ Stunde stehen, gießt das Salzwasser ab, gibt Pfeffer, Essig und Öl dazu und mengt alles gut durcheinander.

Rübenkraut

Weiße Rüben werden gewaschen, geschält und dann wie Kraut gehobelt. Sie werden wie Sauerkraut mit Salz und Kümmel eingelegt und später ganz ähnlich verwendet.

Rübenkraut gedünstet

Man gibt ein Stück Butter in einen Tiegel, dazu Rübenkraut und gewiegte Zwiebel, dünstet es und rührt es hie und da um. Vor dem Anrichten mit ein wenig Mehl stauben und noch ein wenig kochen.

Sauerampfer

150 g Sauerampfer
20 g Butter
1 Prise Salz und Muskat
2 EL Mehl, ⅛ l Sauerrahm
3 EL Fleischbrühe
2 Eigelb

Man zupft die Blätter von den Stängeln ab, wäscht sie sauber und schneidet sie fein. In einem Topf lässt man etwas Butter zergehen, gibt den Sauerampfer zusammen mit einer Prise Salz und etwas Muskatnuss hinein und dünstet ihn weich. Dann gibt man Mehl, Sauerrahm und Fleischbrühe dazu und lässt das Ganze zu einem dicken Brei verkochen. Vor dem Anrichten wird es mit Eigelb legiert.

Schwarzwurzeln

250 g Schwarzwurzeln
1 l Salzwasser
3 EL Mehl, 1 EL Essig
30 g Butter
⅛ l Fleischbrühe

Die Schwarzwurzeln werden rein geschabt und in fingerlange Streifen geschnitten. Nun werden sie umgehend in Salzwasser gegeben, dem 2 EL Mehl und Essig beigemischt sind, und weich gekocht. Dann lässt man Butter in einem Topf zerlaufen und rührt 1 Esslöffel Mehl dazu. Diese gelbe Einbrenne gießt man unter ständigem Rühren mit etwas Fleischbrühe auf, bis eine dicke Soße entsteht. Wenn die Wurzeln weich sind, gießt man das Wasser ab, gibt sie in die Soße und lässt sie darin noch ¼ Stunde kochen.

Schwarzwurzelgemüse

Schabe die Wurzeln schön ab, schneide sie halbfingerlang ab und lege sie dann in Wasser und Milch. Alsdann siede sie in Wasser weich, inzwischen mache in einem Tigerl von Butter und Mehl eine blasse Einbrenn, übergieße sie mit dem Wasser, wo die Wurzeln gesotten wurden und etwas Suppe auf, lege die Wurzeln hinein und lasse sie, nachdem man sie gesalzen hat, gut aufkochen.

Schoaswurz

Die sauber geputzten Schwarzwurzeln legt man in etwas gesalzenes Wasser, dem Magermilch und etwas Zitrone beigegeben ist, darin gedämpft, dann herausnehmen, in Bierteig getaucht und gebacken.

Sauerkraut

Die Krautköpfe wurden mit großen Krauthobeln fein geschnitten und gesalzen in Krautfässer geschichtet. Schwere Gewichte auf dem Deckel des Krautfasses drückten das überschüssige Wasser aus dem Kraut. Auf diese Weise konnte das Kraut über viele Monate hinweg haltbar gemacht werden. Das Sauerkraut wurde üblicherweise zusammen mit Kümmel, in Fett gedünsteten Zwiebelscheiben und Wammerl (Bauchfleisch) gekocht. Wenn es in Notzeiten kein Fleisch gab, kochte man wegen der Geschmacksverbesserung die Schwarte von Rauchfleisch mit.

Gedünstete Zwiebeln

2 große Zwiebeln
20 g Fett, Salz, Pfeffer

Die Zwiebeln werden in kleine Würfel geschnitten und in einem Topf mit wenig Fett glasig gedünstet. Nun wird mit etwas Wasser aufgegossen, jeweils eine Prise Salz und Pfeffer dazu gegeben und bei geringer Hitze und geschlossenem Deckel fertig gegart. Man gibt die gedünsteten Zwiebeln zu Salzkartoffeln.

Rahmwirsing

1 Wirsingkopf
60 g Butter
½ l Fleischbrühe
1 Zwiebel
100 g Schinken oder Rauchfleisch
1 EL Mehl
1 Messerspitze Muskat
Salz, Pfeffer
2 EL Rahm

Der Wirsing wird geviertelt und gekocht. Danach wird er klein gehackt. In einem Topf werden die klein geschnittene Zwiebel und der in kleine Würfel geschnittene Schinken angeröstet. Darüber streut man das Mehl. Nachdem dann der Wirsing dazugegeben wurde, wird mit Fleischbrühe aufgegossen. Mit Salz, Pfeffer und einer Messerspitze Muskat wird abgeschmeckt. Vor dem Servieren wird der Wirsing noch mit Rahm verfeinert.

Kartoffelgerichte

Bauchstecherl oder Drahdewichspfeiferl

1 ½ kg gekochte Kartoffeln
220 g Mehl
2 Eigelb, 1 Prise Salz
70 g Fett

Es werden gekochte,geschälte, kalte Kartoffeln durch einen Fleischwolf gelassen. Dazu gibt man Mehl, Eigelb und eine Prise Salz. Dies verknetet man zu einem festen Teig. Daraus rollt man etwa 5 cm lange fingerdicke Nudeln, die an den Enden spitz zulaufen. Mit reichlich Fett werden die Nudeln in einer Pfanne herausgebacken. Sie schmecken auch noch am nächsten Tag, wenn man sie nochmals in Butter herausbrät.

Erdäpfeldotsch

½ kg gekochte Kartoffeln
1 kg rohe Kartoffeln
¼ l Sauerrahm, 1 Prise Salz
30 g Fett

Man vermengt die gekochten, durchgedrückten Kartoffeln mit den rohen, geriebenen Kartoffeln und vermischt sie gut zusammen mit Sauerrahm und etwas Salz. Die Masse wird in einer gefetteten Bratreine im Rohr bei 180 Grad etwa 20 Minuten lang gebraten.

Erdäpfelstampf

½ kg Kartoffeln
50 g Schmalz, 1 Zwiebel, Salz
2 EL Semmelbrösel

Rohe Kartoffeln werden geschält, in 4 Teile geschnitten, gewaschen und weich gekocht. Das Wasser wird dann abgegossen und die Erdäpfel werden auf einer Platte angerichtet. Jetzt wird in einer Pfanne Schmalz erhitzt und darin eine fein geschnittene Zwiebel hellgelb geröstet. Zuletzt werden Semmelbrösel dazugegeben und das Ganze über die Erdäpfel geschüttet.

Fuchsen mit Sauerkraut

1 ½ kg rohe Kartoffeln
2 EL Essig
750 g gekochte Kartoffeln
2 Eier, Salz
80 g Schweineschmalz
1 kg Sauerkraut

Es werden rohe, geschälte Kartoffeln in eine Schüssel mit Wasser, dem man etwas Essig beigibt, gerieben. Gleichzeitig kocht man Kartoffeln, schält sie und drückt sie durch eine Kartoffelpresse. Die geriebenen Kartoffeln werden in einem Tuch ausgepresst und mit den gekochten Kartoffeln sowie Eiern und etwas Salz zu einem Teig vermischt. Aus diesem Teig formt man nun Knödel, die zusammengedrückt werden ähnlich wie Fleischpflanzerl. In einer Pfanne werden dann die Fuchsen im Schweineschmalz goldgelb gebraten und mit Sauerkraut angerichtet. Die Menge reicht für sechs Personen.

Kartoffelauflauf

800 g gekochte Kartoffeln
280 g Fleischreste
35 g Fett, 2 Zwiebeln, Petersilie, Salz, Pfeffer
3 Eier, 5 EL Milch
3 EL Käse
35 g Butterflocken

Kartoffeln schälen und in Streifen schneiden. Fleischreste klein schneiden, mit klein geschnittener Zwiebel und Petersilie in heißem Fett dünsten. Schichtweise Kartoffeln und Fleischreste in gefettete Auflaufform geben, würzen, Kartoffeln als oberste Schicht. Im vorgeheizten Rohr bei 200°C 10 Minuten backen. Eier mit Milch verquirlen und darüber schütten, Butterflocken und geriebenen Käse darauf und nochmals 10 Minuten backen.

Kartoffelauflauf

Man kocht 1 Pfund mehlige Kartoffeln, lässt sie gut auskühlen und reibt sie dann mit dem Reibeisen und gibt eine Prise Salz dazu. Dann rührt man ½ Pfund Butter schaumig ab, schlägt 6 Eierdotter nach und nach dazu und rührt den Schnee von 6 Eiklar, 70 g Zucker und ein wenig Zitronensaft dazu. Dann mischt man alles zusammen und bäckt es im Rohr.

Kartoffelbällchen

Die Kartoffeln werden geschält, gekocht, abgegossen, ganz fein durch die Kartoffelpresse gedrückt, dann mit 2 Eiern, einem Stückchen Butter, etwas Milch und einer Prise Salz, nach Belieben auch mit etwas abgeriebener Muskatnuss vermengt. Daraus formt man kleine Bällchen, bestreut sie mit Semmelbrösel und bäckt sie im siedenden Schmalz goldgelb.

Kartoffelmaultaschen

1 ½ kg gekochte Kartoffeln
250 g Mehl
4 Eier, Salz
700 g Äpfel oder Zwetschgen
150 g Zucker, Zimt
70 g Rosinen
80 g Butter zum Beträufeln
Zum Backen:
100 g Butter, ¼ l Milch
etwas Zucker

Die gekochten Kartoffeln werden geschält und durch die Kartoffelpresse gedrückt. Nach dem Erkalten der Kartoffeln mischt man Mehl, Eier und etwas Salz dazu und vermengt alles gut zu einem festen Teig. Diesen rollt man dünn aus zu etwa handgroßen Flecken, die mit Sauerrahm oder flüssiger Butter bestrichen und mit Apfelstückchen oder entsteinten Zwetschgen belegt werden. Darüber kann man Rosinen und etwas Zucker und Zimt streuen. Darauf werden die Flecke der Länge nach gerollt und quer in eine gut gefettete Reine gelegt. Im Rohr werden sie etwa 40 Minuten lang bei 220°C gebacken. Zwischendrin bestreicht man die Maultaschen immer wieder mit einem Gemisch aus Ei und Sauerrahm. 10 Minuten bevor sie fertig sind, schüttet man Milch darüber und lässt diese einziehen.

Kartoffelnudeln

140 g Butter
2 Eier, Salz
8 mittelgroße, gekochte Kartoffeln
100 g Zucker

Zum schaumig gerührten Butter rührt man die Eier und die gekochten und kalt geriebenen Kartoffeln, salzt den Teig und formt Ei große Nudeln. Diese bäckt man in der Pfanne in heißem Schmalz auf beiden Seiten goldgelb. Diese Masse ergibt 30 – 40 Stück. Will man sie süß, so mischt man zum Teig 100 g Zucker.

Kartoffelpfannkuchen

400 g frisch gekochte Kartoffeln
100 g Mehl, Salz
7 EL Milch
3 EL Sauerrahm
3 Eier
3 El Öl zum Backen

Die gekochten Kartoffeln werden geschält, durch eine Kartoffelpresse gedrückt, mit Mehl und etwas Salz vermengt und mit Milch, Sauerrahm und Eiern zu einem Teig verarbeitet. Davon werden in einer mit wenig Öl gefetteten Pfanne dünne Pfannkuchen gebacken. Sie werden heiß serviert. Beim Anrichten kann man Zucker und Zimt darauf streuen. Man kann sie jedoch auch ungesüßt zu Sauerkraut essen.

Kartoffelsterz (= Zwuler)

2 kg gekochte Kartoffeln
400 g Mehl, Salz
100 g Schmalz

Am Vortag werden Kartoffeln gekocht. Am darauf folgenden Tag werden sie geschält durch eine Kartoffelpresse gedrückt oder durch den Fleischwolf gedreht und etwas gesalzen. Über diese Masse schüttet man nun das Mehl und vermengt das Ganze gründlich. Dabei entstehen lauter kleine Teile in der Form von Spätzle. Diese bröckelige Masse wird portionsweise in einer Pfanne mit ziemlich viel Fett (Schmalz) herausgebraten. Man kann den Kartoffelsterz auch zusammen mit Sauerkraut oder Hollerkoch (Holundermus) servieren.

Kartoffelzelten

1 kg frisch gekochte Kartoffeln
4 EL Mehl
Salz
2 Eier

Man schält die gekochten, kalten Kartoffeln und drückt sie durch eine Kartoffelpresse. Dazu gibt man Mehl, Eier und eine Prise Salz. Daraus knetet man nun einen festen Kartoffelteig, den man zu einer Rolle mit etwa 3 - 5 cm Durchmesser formt. Von dieser Rolle werden dann etwa fingerdicke Scheiben abgeschnitten, die in einer wenig gefetteten Pfanne gebraten werden. Die Kartoffelzelten werden zu Kompott oder Fleisch gegessen.

Aufgelaufenes Kartoffelmus

Siede Erdäpfel und schäle sie ab und zerdrücke sie; dann treibe etwas Butter ab, rühre die drein, reibe Zucker an einer Zitrone ab, von vier Eiklar den Schnee; rühre es mitsamm pflaumig, schmiere ein Becken mit Butter, thue das Gerührte hinein und backe es im Rohr.

Passauer Kartoffeln

700 g rohe Kartoffeln
55 g Fett
2 Zwiebeln
Salz, Paprika, Pfeffer, Kümmel, Petersilie
2 EL Sauerrahm
¼ l Fleischbrühe

Die Kartoffeln werden geschält und in kleine Würfel geschnitten. Darauf lässt man die geschnittenen Zwiebeln in heißem Fett dünsten, gibt die Kartoffeln dazu und schmeckt mit Salz, Pfeffer, Paprika und Kümmel ab. Jetzt gießt man mit heißer Fleischbrühe auf und lässt das Ganze 20 Minuten dünsten. Zuletzt gibt man Sauerrahm und geschnittene Petersilie dazu und lässt alles fertig dünsten.

Reiberdatschi

900 g rohe Kartoffeln
3 EL Sauerrahm
1 Ei, 2 EL Mehl
Salz, 2 Zwiebel
100 g Schmalz

Die rohen Kartoffeln werden gerieben, durch ein Tuch trocken gepresst und mit Sauerrahm vermischt. In diese Masse mengt man nun Ei, Mehl, die fein gehackten Zwiebeln und das Salz. In einer Pfanne erhitzt man das Schmalz, gibt den Teig in Esslöffel großen Portionen hinein und drückt ihn zu dünnen Fladen auseinander. Die Reiberdatschi muss man auf beiden Seiten knusprig hellbraun backen. Man isst sie zu Apfelmus und Kompott.

Schusterfleckl

1 ½ kg gekochte Kartoffeln
230 g Mehl, 1 Prise Salz
100 g Schmalz

Man drückt gekochte, geschälte und erkaltete Kartoffeln durch eine Kartoffelpresse und vermischt sie mit Mehl und einer Prise Salz. Dieser Teig wird ausgiebig geknetet und in etwa handtellergroße und fingerdicke Stücke ausgerollt. Diese Schusterfleckl werden in einer Pfanne hellbraun gebraten. Man isst sie zu Sauerkraut oder Kompott.

Schneckenhäusl

1 kg gekochte Kartoffeln
280 g Mehl
½ l Milch
2 EL Sauerrahm
5 Eier
Salz, Muskat

Man reibt die am Vortag gekochten und geschälten Kartoffeln mit dem Reibeisen. Dazu werden das Mehl, die Eier, eine Prise Salz und etwas Muskatnuss gegeben. Daraus knetet man einen festen Teig und rollt diesen auf einer bemehlten Unterlage 2 – 3 mm dick aus. Mit einem Messer oder einem Teigroller schneidet man etwa 4 cm breite Streifen und rollt diese über einen Finger oder den Stiel eines Kochlöffels. Die so entstandenen Schneckenhäusl setzt man dann in eine mit etwas Butter ausgestrichene Reine. Die Schnecken werden darauf etwa 10 – 15 Minuten bei 200 Grad gebacken. Dann schüttet man ein Gemisch aus 3 Eiern, ½ l Milch, 2 Esslöffel Sauerrahm, einer Prise Salz und ein wenig abgeriebene Muskatnuss über die bereits angebratenen Schneckenhäusl. Darauf müssen die Schnecken noch für etwa 20 – 30 Minuten ins Rohr, bis die darüber geschüttete Masse fest geworden ist.

Erdäpfelwürstl

500 g Kartoffeln
1 l Fleischbrühe
50 g Butter
1 Ei
Salz und Pfeffer
¼ l Sauerrahm
100 g Semmelbrösel

Die rohen Kartoffeln werden geschält, gewaschen, in Fleischbrühe gekocht und dann gerieben. Die erhitzte Butter, ein Ei, Salz und Pfeffer sowie der Sauerrahm werden dann zu den Kartoffeln gegeben und gut damit vermengt. Aus dem Teig formt man längliche Striezel, die in Semmelbrösel gewälzt und dann in heißem Butterfett heuausgebacken werden. Die Erdäpfelwürstl gibt man zu Gemüse oder Kompott. Die Waidler essen sie gerne auch zu gestöckelter Milch, dem sogenannten „Seijbärn".

Siede Erdäpfel, schöne sie, druck sie durch den Sieb, misch sie mit dem Mehl, gib Salz und Muskat daran, roll Nudeln daraus so dick wie ein Finger und so lang wie die Rein ist, schmier die Rein mit Schmalz aus, leg die Nudeln drein, schlag die Oier und schütt sie drüber, bei mittlerer Hitze im Rohr, wenn die Oier stocken ist fertig.

Hirtenstecken

450 g gekochte Kartoffeln
5 EL Mehl
50 g Butter
3 Eier
Salz
1 Messerspitze Muskat

Unter Hirtenstecken versteht man die langen dünnen Stäbe, wie sie die Hirten bei ihrer Arbeit verwenden. Die in Salzwasser gekochten Kartoffeln werden durch die Kartoffelpresse gedrückt, mit dem Mehl vermengt und mit Salz und Muskat abgeschmeckt. Daraus wird dann ein Teig geknetet, den man in lange, etwa kleinfingerdicke Nudeln rollt. Diese legt man dann der Länge nach in eine gut ausgebutterte Reine, überschüttet sie mit den verquirlten Eiern und bäckt sie so lange im Rohr bei einer mittleren Hitze, bis das Ei fest gestockt ist.

Pilzgerichte

Rührei mit Dobernigl und Rehgoaßl

450 g Dobernigl und Rehgoaßl (= Steinpilze und Pfifferlinge)
45 g Butter
Salz, Pfeffer, Petersilie
1 kleine Zwiebel
5 Eier
3 EL Milch

Die Schwammerl werden sauber geputzt und geschnitten. Dann erhitzt man in einer Pfanne das Fett und lässt darin die klein geschnittene Zwiebel glasig werden. Jetzt gibt man die Pilze dazu und lässt sie etwa 3 Minuten dünsten. Darauf verquirlt man die Eier mit der Milch, würzt mit Salz und Pfeffer und schüttet das Gemisch über die Schwammerl. Bei mäßiger Hitze wird unter ständigem Rühren das Ganze bald fest. Dann bestreut man alles noch mit fein geschnittener Petersilie.

Schwammerlgulasch

1 große Zwiebel
20 g Butter
300 g Pilze
300 g Kartoffeln
Salz, Pfeffer
½ – 1 l Fleischbrühe

Man lässt klein geschnittene Stückchen einer großen Zwiebel in einem Topf mit Butter glasig anlaufen. Dann gibt man die geputzten und in Stücke geschnittenen Pilze dazu und lässt sie kurz dünsten. Dazu kommt die gleiche Menge in kleine Würfel geschnittene Kartoffeln. Gewürzt wird mit einer entsprechenden Prise Salz und Pfeffer. Nun gießt man mit Wasser oder besser noch mit einer Fleischsuppe auf und lässt alles etwa 30 Minuten köcheln.

Schwammerlhirn

600 g verschiedene Speisepilze
60 g Fett, 1 Zwiebel
1 Knoblauchzehe, Petersilie
Salz, Pfeffer
250 g Kalbshirn

Die Pilze werden sauber geputzt und in kleine Stücke geschnitten. Dann wiegt man Petersilie, Knoblauch und Zwiebel fein zusammen und lässt sie in heißem Fett kurz dünsten. Dazu gibt man jetzt die Schwammerl, schmeckt mit Salz und Pfeffer ab und lässt unter ständigem Umrühren alles 10 Minuten dünsten. Das Hirn wird gewaschen, die Haut abgezogen, dann grob gehackt und zu den Pilzen gegeben. Das Ganze lässt man dann noch etwa 15 Minuten garen.

Zigeunersterz

300 g Zigeuner
150 g gekochte Kartoffeln
1 kleine Zwiebel
40 g Butter
Salz, Pfeffer
3 Eier, 5 EL Milch
Petersilie, Schnittlauch

Zigeuner sind hervorragende Speisepilze. Sie sind allerdings leicht zu verwechseln mit dem giftigen Hexenpilz und sollten deshalb nur von sicheren Pilzkennern geerntet werden.

Die Pilze werden sauber geputzt, geschnitten und zusammen mit den in Scheiben geschnittenen Kartoffeln und der fein gehackten Zwiebel in heißer Butter etwa 15 – 20 Minuten zugedeckt gedünstet. Mit Salz und Pfeffer wird gewürzt. Darauf gießt man die mit Milch und Salz verquirlten Eier über das Ganze und lässt es unter ständigem Rühren stocken. Beim Anrichten streut man fein gehackte Petersilie und Schnittlauch darüber.

Kleine Gerichte

Greiwacker

10 alte Semmeln
¼ l Milch
3 Eier, 60 g Rosinen
Salz, Zucker
80 g Butterschmalz

In der niederbayerischen Mundart bedeutet „Grei" eine „Bratzn", also eine große, derbe Hand. Alte Semmeln werden in Scheiben geschnitten und mit warmer Milch überschüttet. Wenn die Semmeln die Milch aufgesogen haben, gibt man Eier, Rosinen sowie jeweils eine Prise Salz und Zucker dazu. Wenn das alles gut vermengt ist, formt man aus dem Teig Knödel und drückt diese flach, ehe man sie in einer Pfanne mit Butterschmalz auf beiden Seiten gelbbraun bäckt. Dazu gibt es Apfelmus.

Hamsterer-Eier

5 Tomaten
35 g Fett
120 g Hartwurst
Salz, Pfeffer, Rosmarin
7 Eier, 5 EL Milch
Petersilie, Schnittlauch

Die Tomaten schneidet man oben ein, überbrüht sie mit kochendem Wasser, zieht dann die Haut ab und schneidet sie in Scheiben. Die Hartwurst schneidet man in dünne Scheiben und brät sie in heißem Fett kurz an. Dann gibt man die Tomatenscheiben dazu, würzt mit Salz, Pfeffer und Rosmarin und lässt alles zusammen etwas dünsten. Nun schüttet man die mit Milch und Salz verquirlten Eier darüber und lässt das Ganze bei schwacher Hitze fest werden. Zum Anrichten streut man Petersilie und Schnittlauch darüber.

Harte Eier mit Sauerampfersoße

Hart gesottene Eier werden geschält, mit dem Dotter fein länglicht geschnitten, eine Portion Sauerampfer in Butter geröstet einige Löffel Mehl hinzu, mit süßem Rahm aufgefüllt, etwas Salz und Muskatblüh und so durchkochen laßen, dann die geschnittnen Eyer auch hinein und angerichtet.

Haferflocken-Kotelett

In ¼ l Milch kocht man 5 Eßlöffel Haferflocken eine Minute lang. Dann werden 3 Semmeln in dünne Scheiben geschnitten und in einer Pfanne mit etwas Schmalz angeröstet. Nun wiegt man Petersilie und eine Zwiebel fein zusammen. Darauf vermengt man die erkalteten Haferflocken, die Semmelbröckchen, Petersilie, Zwiebel, eine Prise Salz und 1 Ei. Der Teig darf nicht zu weich sein. Aus dem Teig formt man kleine flache Koteletts und bäckt sie in der Pfanne.

Hirtenfladen

4 Semmeln, Salz
¼ l Milch
35 g Schmalz

Die Semmeln schneidet man in kleine Würfel, salzt sie etwas, weicht sie mit kalter Milch ein, vermengt alles und lässt es ¼ Stunde stehen. Dann erhitzt man Schmalz in einer Pfanne, gibt jeweils die Hälfte des eingeweichten Brotes hinein, streicht es flach auseinander und lässt es auf beiden Seiten hellbraun backen.

Holzhauerfrühstück

800 g gekochte Kartoffeln
80 g Schmalz
1 kleine Zwiebel, Salz
130 g gebratene Fleischreste
4 Eier, 4 EL Milch
Schnittlauch

Die erkalteten gekochten Kartoffeln werden geschält und in Scheiben geschnitten. In einer Pfanne lässt man nun die gehackte Zwiebel glasig anbraten und gibt die Kartoffeln dazu. Mit Salz wird abgeschmeckt. Dann mischt man die klein geschnittenen gebratenen Fleischreste darunter und gießt die gesalzenen, mit Milch verquirlten Eier darüber. Das Ganze lässt man nun bei mäßiger Hitze zugedeckt stocken. In Stücke geschnitten und mit Schnittlauch bestreut wird angerichtet.

Kartoffelkaas

1 ½ kg mehlige Kartoffeln
5 EL Butter
¼ l Süßrahm, ¼ l Sauerrahm
2 Zwiebeln, Schnittlauch, Salz

Der Kartoffelkaas (Kartoffelkäse) ist ein schmackhafter Brotaufstrich. Dazu werden mehlige Kartoffeln gekocht, geschält und noch warm durch eine Kartoffelpresse gedrückt. In diese Masse mischt man nun weiche Butter, süßen und sauren Rahm, zwei fein gehackte, große Zwiebeln, eine Prise Salz sowie etwas fein geschnittenen Schnittlauch. Wenn alles gut durchgemischt ist, stellt man den Kartoffelkaas in den Kühlschrank, denn er soll kalt auf das Brot gestrichen werden.

Pfannkuchen zum Spinat

Gieb in ein Haferl ein paar Löffel voll Mehl, rühre es mit einer süßen Milch an, schlag dann 2 Eier daran und geschnittenen Schnittlauch, gieb auf eine Omletpfanne Schmalz, laß es heiß werden, gieß den Teig darauf, und wenn es braun ist, kehre ihn um und laß ihn auf beiden Seiten gleich braun werden, rolle ihn dann zusammen und gieb ihn zum Spinat.

Rühreier mit Schnittlauch, Spitzwegerich und Kühkaas (Sauerampfer)

6 Eier, 1 EL Süßrahm, Salz
100 g Butter
Schnittlauch, Spitzwegerich, Sauerampfer

Die Eier werden in einem Topf mit Süßrahm und etwas Salz gut verquirlt. Dazu gibt man 100 g Butter in kleinen Stücken. Das Ganze wird in einer Pfanne auf dem Herd so lange gerührt, bis eine breiartige Masse entsteht. Auf einer gewärmten Platte werden die Rühreier angerichtet und mit fein geschnittenem Schnittlauch, Spitzwegerich und Sauerampfer bestreut.

Soßen

Grüne Soße

½ l Milch, 2 EL Mehl
2 EL Senf, je 1 Prise Salz, Pfeffer, Zucker
1 EL Essig
Schnittlauch, Petersilie, Sauerampfer, Kresse, Dill, Spitzwegerich

In kochende Milch wird etwas Mehl gut eingerührt. Diese Flüssigkeit muss nun abkühlen. Dann rührt man Senf, je eine Prise Salz, Pfeffer und Zucker dazu und schmeckt mit ein wenig Essig ab. Darauf hackt man Schnittlauch, Petersilie, Sauerampfer, Kresse, Dill und Spitzwegerich klein und gibt sie in die Soße. Dazu gibt es Salzkartoffeln.

Zwiebelsoße

40 g Butter, 3 EL Mehl
2 Zwiebeln
⅛ l Fleischbrühe
Salz, Pfeffer, 1 EL Essig

Man röstet in Butter Mehl bis es leicht schäumt. Dazu gibt man fein geschnittene Zwiebeln, lässt sie glasig werden, verdünnt sie mit Fleischbrühe, gibt je eine Prise Salz und Pfeffer, sowie Essig dazu und kocht das Ganze ¼ Stunde lang.

Kranawitt-Sauce (= Wacholderbeer-Sauce) zum Schwarzwild

Mache eine braune Einbrenn mit Zucker, zerdrücke etliche Kranawittbeeren, gieb sie darein, gieß dann den Stand von Schwarzwildpräth und Suppe daran, laß sie fein kochen. Beim Anrichten passire sie und gieb einige ganze Kranwittbeeren darauf.

Hasen-Sauce

Thue in ein Tigerl etwas Fett oder Butter, laße es heiß werden und thue dann Mehl hinein und laße es etwas anlaufen, dann thue etwas gestoßenen Zucker hinein und laße diese Einbrenn gelbbraun werden, dann gieße von dem Eßigsud, worin der Hase gebraten wurde, nach und nach hinein und verrühre alles fein und gut ab. Ist die Sauce zu dick, dann schütte noch etwas Fleischsuppe, oder, wenn man nicht so viel hat, etwas Wasser hinein, laße es etwas verkochen, dann gieb 2 – 3 Kochlöffel voll sauern Rahm daran und ganz zuletzt Capern. Laße alles fein verkochen und gieb sie dann in der gehörigen Dicke zur Tafel.

Lorbeersauce zum Rindfleisch

Gieb in ein Reindl ein paar Löffel voll Mehl, rühre kalte braune Supp daran, auch Essig, gieb Zwiebelscheiben, Zitronenschalen, Lorbeerblätter, Pfefferkörner und Salz dazu. Dieß alles laß auf der Glut kochen, beym Anrichten seiht man sie durch, thut ein ganzes Lorbeerblatt darauf, und giebts auch zum Rindfleisch

Kalte Schnittlersoß

Man paßire gesottene Eierdötter und giebt unter beständigem Rühren Essig, Öhl, Zucker, Schnittlauch und Salz dazu. Es darf nicht dick sein.

Punschsoße zum Rindfleisch

Schäle 4 Äpfel, reibe sie auf dem Reibeisen, auch ein wenig Kren dazu, hernach 1 schwacher Eßlöffel Zucker und etwas Pomeranzenschale dazu, gib auch den Saft von einer ganzen Orange dazu und 1 Esslöffel voll Essig.

Wildbretsoße

¼ l Essig, 1 l Fleischbrühe, 1 geschnittene Zwiebel, 3 Lorbeerblätter, von 1 Zitrone die Schale, 1 Esslöffel Pfefferkörner, 2 Gewürznelken, 1 Esslöffel Wacholderbeeren, 8 Scheiben hart gewordenes Schwarzbrot in Würfel geschnitten, alles miteinander in einen großen Topf und aufkochen laßen. Eine kastanienbraune Einbrenn aus 50 g Butter und 2 Esslöffel Mehl mit Obigem aufgießen und dazu ¼ l Rotwein, aufkochen laßen und durchpassiren..

Verschiedene Teigsorten

Die Herstellung verschiedener wichtiger Teigsorten wie Backteig, Bierteig, Brandteig, Eischwerteig, Hefeteig, Milchteig, Mürbteig, Sandteig und Weinteig habe ich im Vorgängerband „Brennsuppn und Erdäpfel" beschrieben. Die nachfolgend aufgeführten weiteren Teigarten sind als Ergänzung dazu gedacht.

Bröselteig

350 g Mehl
200 g Butter
4 hart gekochte Eier
70 g gemahlene Mandeln
90 g Zucker, Saft von 1 Zitrone
3 flüssige Eidotter

Man gibt Mehl und Butter auf ein Nudelbrett und bröselt beides gut durcheinander. Dann gibt man die hart gekochten Eidotter, die gemahlenen Mandeln, Zucker, Zitronensaft und die (flüssigen) Eidotter dazu und vermengt alles gut zu einem feinen Teig. Man kann aus diesem Teig beispielsweise Brezen und Kränzchen formen, diese mit Eiklar bestreichen oder mit Zucker und Mandeln bestreuen und im Rohr backen.

Hefeteig

500 g Mehl
¼ l lauwarme Milch
1 Prise Salz
20 – 30 g Hefe
80 – 110 g Butter
50 – 80 g Zucker
1 – 2 Eier

wahlweise Geschmackszutaten:
Abgeriebene Zitronenschale
Vanillinzucker
Rosinen
Rum
Mandeln
Nüsse

Das Mehl in eine Schüssel geben und in die Mitte eine Mulde drücken. Die zerbröselte Hefe mit etwas lauwarmer Milch, 1 TL Zucker und etwas Mehl in der Mulde zu einem Dampferl (Vorteig) anrühren und mit etwas Mehl bestäuben. Zugedeckt an einem warmen Ort etwa 15 Minuten gehen lassen, bis sich das Volumen des Teiges in etwa verdoppelt hat. Zucker, Salz und die Geschmackszutaten auf den Rand der Mulde streuen, weiche Butter dazu geben oder in der restlichen warmen Milch erwärmen. Den aufgegangenen Vorteig mit etwas Mehl verrühren, Eier, die lauwarme Milch und die Geschmackszutaten dazugeben. Nun muss der Teig kräftig abgeschlagen werden, bis er geschmeidig ist (Küchenmaschine mit Knethaken). Teig abermals zugedeckt etwa 30 Minuten gehen lassen, bis er die doppelte Größe erreicht hat. Dem Hefeteig die gewünschte Form geben und vor dem Backen auf dem Blech oder in einer Form zum dritten Mal gehen lassen. Backzeit z. B. bei einem Hefezopf 45 Minuten bei 180–200° C.

Nudelteig

320 g Mehl
2 Eier, 3 EL Wasser

Das Mehl formt man zu einem Berg, drückt in die Mitte eine Vertiefung und verrührt darin Wasser und Eier. Mit dem Kochlöffel wird langsam das Mehl dazu gerührt. Dann knetet man die Masse zu einem festen Teig, deckt diesen mit einer Schüssel zu und lässt ihn 20 Minuten ruhen. Nun wird der Teig in 3 – 4 Stücke aufgeteilt und portionsweise dünn ausgerollt. Die Nudelflecke legt man jetzt auf ein Tuch und lässt sie so lange antrocknen bis sie nicht mehr kleben. Darauf schneidet man die Flecke in der Mitte auseinander, legt die beiden Hälften aufeinander, rollt sie auf und schneidet sie in etwa 5 mm breite Streifen. Mit einer Gabel werden nun die Nudeln gelockert und auf einem Tuch an der Luft getrocknet.

Pfannkuchenteig

250 g Mehl, 1 Prise Salz
3 Eier getrennt
½ l Milch
60 g Fett

Das Mehl wird in eine Schüssel gegeben, gesalzen und in die Mitte wird eine Vertiefung gedrückt. Dann werden Milch und Eier verquirlt und allmählich von der Mitte aus unter das Mehl gemischt. Dieser Teig muss nun ¼ Stunde ruhen. In einer Pfanne wird 1 EL Fett erhitzt und der flüssige Pfannkuchenteig dünn hinein geschüttet. Die Pfanne schwenken, damit der Teig gleichmäßig verläuft. Dann wendet man den Pfannkuchen und bäckt ihn auf der anderen Seite ebenfalls goldgelb.

Strudelteig

250 g Mehl
1 Ei, 1 EL Öl
1 Prise Salz
⅛ l warmes Wasser
100 g Butterfett
125 ml Sauerrahm
1 kg Früchte
(Äpfel, Zwetschgen, Johannisbeeren o.Ä.)

Mehl, Salz, Ei, Öl und Wasser werden in einer Schüssel zu einem Teig geknetet (Knethaken). Dann nimmt man ihn aus der Schüssel, knetet ihn mit den Händen auf einer bemehlten Unterlage zu einem geschmeidigen Teig und schlägt ihn so lange auf eine feste Unterlage, bis er glatt und glänzend geworden ist. Darauf wird er zu einer Kugel geformt und mit einer vorgewärmten Schüssel zugedeckt. 30 Minuten stehen lassen. Dann portionieren, die Stücke auf einem bemehlten Tuch ausrollen und an den Rändern mit den Fingern vorsichtig möglichst dünn ausziehen. Dann werden diese Flecke mit Sauerrahm bestrichen, mit den leicht überzuckerten Früchten belegt und zusammengerollt. Ränder und Enden festdrücken und in eine kräftig gefettete Reine legen. Bei 170°C etwa 40 Minuten goldgelb backen. Zwischendurch 1 – 2 Mal mit warmem, flüssigem Butterfett überpinseln. Nach etwa 30 Minuten Backzeit kann man den Strudel mit Milch überschütten, so dass er fast bedeckt ist. Die Milch noch etwa 15 Minuten einziehen lassen (= Milchrahmstrudel).

Mehl- und Süßspeisen

Apfelauflauf

800 g Äpfel
30 g Butter
⅛ l Weißwein, 5 EL Zucker
Für die Streusel:
30 g Butter, 30 g Zucker
50 g Mehl, 1 Prise Zimt

Die Äpfel werden geschält, in Schnitze geschnitten und in eine kräftig ausgefettete, feuerfeste Form gelegt. Dann übergießt man sie mit Weißwein, gibt den Zucker dazu und lässt sie halbweich dünsten. Jetzt macht man aus Butter, Zucker, Mehl und etwas Zimt die Streusel und gibt diese auf die Äpfel. Im vorgeheizten Rohr lässt man das Ganze dann 20 Minuten bei 180°C gelbbraun backen.

Grünkopf

Man schält und entkernt süße Äpfel, schneidet sie in dünne Scheiben und gibt Zucker, Zimmt, Rosinen, Weinbeeren, die Schale von einer Zitrone und ⅛ l Wein dazu und läßt das ganze über Nacht stehen. Hierauf röstet man Brotbrösel in Butter, schmiert ein Becken mit Butter oder Schmalz aus und gibt immer eine Lage Brösel und eine Lage Äpfel hinein, doch so, daß am Boden und in der Höhe Brösel sind, legt dann noch einige Bröcklein Butter darauf und bäckt es im Rohr.

Arme Ritter

7 alte Semmeln
Zum Einweichen:
4 Eigelb, 3 EL Zucker
1 Prise Salz, abgeriebene Schale von ½ Zitrone
½ l lauwarme Milch
Zum Panieren:
4 Eiweiß, 2 EL Wasser, Semmelbrösel, 90 g Fett
120 g Zimtzucker

Die Kruste der Semmeln wird abgerieben. Dann werden sie halbiert. Nun verquirlt man lauwarme Milch mit Eigelb, etwas Salz, geriebener Zitronenschale und Zucker und weicht die Semmeln unter mehrfachem Umdrehen darin ein. Wenn sie durchgezogen sind, verquirlt man das Eiweiß mit etwas Wasser, wendet die Semmeln zunächst darin und dann in den Semmelbröseln. Dann gibt man sie in die Pfanne mit dem erhitzten Fett und bäckt sie auf beiden Seiten goldgelb heraus. Das Fett lässt man abtropfen und wendet dann die „Armen Ritter" noch in Zimtzucker. Man serviert sie heiß.

Hoawadatschi

270 g Mehl
¼ l lauwarme Milch
4 Eier, 2 EL Zucker, 1 Prise Salz
50 g Fett
600 g Heidelbeeren
⅛ l Süßrahm

Je nach Landstrich nennt man sie in der bayrischen Mundart „Hoawa, Hoiba oder Hoibier". Gemeint sind die Heidelbeeren. Für den Hoawadatschi vermengt man Mehl, lauwarme Milch, Eier, einen Esslöffel Zucker und eine Prise Salz zu einem festen Teig. Diesen gibt man dann in eine gut ausgefettete Reine und schiebt diese in das vorgeheizte Rohr. Es empfiehlt sich, den Teig an der gefetteten Wandung der Bratreine etwas hoch zu ziehen. Sobald der Teig nach etwa 5 Minuten ein wenig angezogen hat, nimmt man die Bratreine aus dem Ofen und schüttet etwa 3 cm hoch Heidelbeeren darauf. Danach schiebt man die Reine wieder in das Rohr. Wenn der Teig eine bräunliche Farbe bekommt, überschüttet man den Hoawadatschi noch mit Süßrahm, dem ein Esslöffel Zucker beigemischt wurde. Sobald dieses Gemisch gelbbraun wird, ist der Datschi fertig. Bei 200°C etwa 25 – 40 Minuten (je nach Dicke der Heidelbeerschicht) backen.

Haselnussschnitten

85 g Butter
1 Pck. Vanillezucker
3 Eidotter, 1 ganzes Ei
140 g Zucker, 140 g geriebene Haselnüsse oder Bucheckern
Saft von ½ Zitrone
35 g Mehl
Zitronat, Orangeat

Die Butter wird schaumig gerührt. Dazu gibt man Vanillezucker, 3 Eidotter, ein ganzes Ei, Zucker, geriebene Haselnüsse oder Bucheckern, Zitronensaft, den Schnee der 3 Eier, Mehl sowie etwas Zitronat und Orangeat. Das Ganze wird gut miteinander vermischt und dann gibt man den Teig 2 Finger hoch auf ein gewachstes Backblech und schiebt ihn für 15 Minuten ins Rohr bei 190°C. Nach dem Erkalten streicht man noch einen Zuckerguss darauf und schneidet es in längliche Schnitten.

Husten- und Heiserkeitbonbons

Beliebig viel Zucker, am besten reinen Würfelzucker, lässt man mit Wasser und Essig schmelzen, schüttet rasch eine ganze geriebene Zwiebel, die schon vorher fertig gemacht wurde, hinein und lässt den Zucker hellbraun, etwa honigfarben werden. Dann wird das Ganze sehr schnell auf eine leicht eingefettete Porzellan- oder Kuchenplatte gegossen, halb erstarrt in Würfel geschnitten und dann, wenn die Masse ganz kalt geworden ist, gebrochen.

Milchnudeln

Nudelteig
¼ – ½ l Milch, 25 g Butter
1 – 2 EL Zucker, Zimt

Einen Nudelteig (siehe Nudelteig S. 117) rollt man aus und schneidet aus den Flecken, welche man ein wenig trocknen lässt, halbfingerbreite Nudeln, die man abermals trocknen lässt. Nun gibt man je nach Menge der Nudeln in ¼ l bis ½ l Milch die Butter sowie etwas Zucker und lässt dies kurz aufkochen. Da hinein gibt man die Nudeln und rührt so lange, bis die Milch erneut anfängt zu kochen. Im Rohr lässt man dann die Milch einziehen und nimmt die Nudeln erst heraus, wenn sie eine goldgelbe Farbe angenommen haben. Vor dem Anrichten bestreut man sie mit etwas Zucker und Zimt.

Kartoffeltaler

50 g Butter wird schaumig gerührt, 2 Eidotter dazu und die 500 g aufgeriebenen gekochten Kartoffel, 2 Esslöffel Mehl daran, eine Prise Salz, ein wenig Muskatnuß abgerieben und zuletzt den Schnee von 2 Eier. Man formirt Taler und bäckt sie in der gefetteten Pfanne.

Kriegsbrot Frontenhausen

1 Pfund Zucker wird mit 3 Eiern schaumig gerührt. Dazu gibt man 50 g Citronat und Orangeat, etwas Citrone, eine Messerspitze Zimmt und Nelken. Dann kommen noch 1 Pfund Mehl, das mit 100 g Butter abgerieben wurde und 0,3 l schwarzer Kaffee dazu. Der Teig kommt in eine ausgebutterte Form und wird bei 190 Grad 45 Minuten im Rohr gebacken.

Kriegslebkuchen

2 Pfund Farinzucker, 2 Pfund Mehl, 3 Eier, ½ l Caffee, 1 Gläschen Rum, 50 g Zitronat, 50 g Orangeat, 1 Täferl Schokolade, je eine messerspitze Zimmt und Nelken, 150 g geschnittene Nüsse oder Bucheckern, 2 Backpulver, alles gut rühren, fingerdick auf ein gewachstes Blech aufstreichen, wieder mit geschnittenen Nüssen oder Bucheckern bestreuen, ¾ Stunde backen und warm vom Blech nehmen. Ist das Backblech auf einer Seite offen, muß man es mit einem Span schließen, weil die Masse etwas verlauft.

Schusternudeln

Man macht einen Teig wie zu den Dampfnudeln an, und formt davon daumendicke, lange Stangen. Von diesen schneidet man fingerlange Stücke herunter und läßt sie auf dem Nudelbrett 30 Minuten gehen. Dann gibt man in eine Bratreine Schmalz, gießt ¼ l warme Milch dazu hinein und läßt es zusammen warm werden. Nun stellt man die Nudeln aneinander hinein, läßt diese noch 15 Minuten gehen, gießt dann ¼ l warme Milch darüber und sorgt dafür, daß sie gleich zu braten anfangen.

Zwetschgenfleck

1 Vierting Butter wird mit 12 Loth Mehl fein verbröselt, dann gesalzen und 1 ganzes Ey mit noch 2 Dotter nebst 2 großen Eßlöffel voll dicken sauern Rahm gut abgemacht und so lange fein abgearbeitet, bis er Bläserln macht, dann messerrückendick ausgewalkt und Zwetschgen drauf und ein Gitter darüber, mit Eigelb bestreichen gezuckert und im Rohre gebacken.

Speckkuchen

500 g Mehl
¼ l lauwarme Milch
2 EL Hefe
100 g Schmalz
⅛ l lauwarme Milch
2 Eier, Salz
1 Eigelb, 150 g Speck
etwas Kümmel

Man gibt in eine Schüssel das Mehl, ¼ l lauwarme Milch und die Hefe. Diesen Vorteig lässt man zugedeckt ½ Stunde gehen und gibt dann zerlaufenes Schmalz, ⅛ l lauwarme Milch, 2 Eier und etwas Salz dazu. Das Ganze verarbeitet man zu einem Teig, den man nun nochmals gehen lässt. Nun wird ein Backblech mit Schmalz bestrichen und der Teig dick ausgerollt auf das Blech gelegt. Diesen bestreicht man nun mit Eigelb, bestreut ihn mit kleinen Speckwürfeln, etwas Kümmel und ganz wenig Salz und bäckt ihn im Rohr bei 190°C etwa 20 Minuten lang.

Bummsn

1 kg Mehl
½ l lauwarme Milch
1 Päckchen Frischhefe
Salz
180 g Butter
140 g Zucker
4 Eier
1 Päckchen Vanillezucker
abgeriebene Zitronenschale
3 EL Rum
100 g Rosinen

Ein Hefeteig wird nach dem Grundrezept bereitet (siehe Teigsorten S. 116). Diesem werden Vanillezucker, der Abrieb einer ganzen Zitrone, der Rum und die Rosinen zugegeben und kräftig verrührt. Dann lässt man den Teig zum zweiten Mal zugedeckt etwa 30 Minuten an einem warmen Ort gehen, bis er sich in etwa verdoppelt hat. Jetzt schüttet man den Teig in eine gut ausgefettete Reine und lässt ihn zum dritten Mal gehen, ehe er im Rohr gebacken wird (ca. 45 Minuten bei 190° C).

Schmalzgebäck

Hirnbavesen

500 g Kalbshirn
Petersilie, Salz, Pfeffer
3 alte Semmeln
½ l Milch
1 EL Mehl, 4 Eier
Schmalz

Nach dem Wässern wird ein ganzes Kalbshirn ¼ Stunde lang gekocht und dann mit Petersilie und etwas Salz und Pfeffer durch den Fleischwolf gedreht. Danach werden Semmeln vom Vortag in knapp fingerdicke Scheiben geschnitten. Man bestreicht nun eine dieser Scheiben mit der Masse, legt die nächste Brotscheibe darauf und fährt so fort, bis Hirn und Brot zu Ende sind. Die Bavesen werden nun in kalte Milch getaucht, wieder herausgenommen und ¼ Stunde liegen gelassen. Jetzt gibt man einen Esslöffel Mehl in eine kleine Schüssel, verrührt es mit einem Ei und schlägt dann noch 3 ganze Eier dazu. Darauf werden die Bavesen in dieser Masse gewendet und im heißen Schmalz herausgebacken. Wenn sie braun sind, nimmt man sie heraus und legt sie auf ein Sieb zum Abtropfen.

Hollerkiachl (Hollerküchl)

Pfannkuchenteig
(siehe Teigsorten S. 117)
Butterschmalz
Zucker

Man nimmt die weiß blühenden Blütenrispen der Hollerstaude (Holunderstrauch) am Stengel, taucht sie in einen dickflüssigen Pfannkuchenteig und gibt sie umgehend in heißes Butterschmalz. Sobald sie eine leicht gelbbraune Farbe annehmen, nimmt man sie mit einem Seiherlöffel heraus. Wenn das Fett abgetropft ist, werden die Hollerkiachl in Zucker getaucht und warm gegessen.

Bettzipfel

1 kg Mehl
220 g Butter
250 g Sauerrahm
1 Päckchen Frischhefe
4 Eier
Salz
3 EL Rum

Zunächst wird ein Hefeteig nach dem üblichen Grundrezept (siehe Teigsorten S. 116) hergestellt. Wenn dieser nach den Vorgaben geruht hat und entsprechend aufgegangen ist, wird er mit dem Nudelholz 2 – 4 Millimeter dick ausgerollt und mit dem Teigradl in etwa handtellergroße, rechteckige Fleckl geschnitten. Bei diesen Fleckln bringt man dann mit dem Messer zwei Längsschnitte an, wobei darauf zu achten ist, dass die Abstände zwischen den beiden Schnitten und den beiden Flecklrändern möglichst gleich groß sind. Durch die beiden Schlitze werden dann die Flecklzipfel gezogen. Nochmals etwa ¼ Stunde ruhen lassen. Dann werden die Fleckl im heißen Fett schwimmend herausgebacken und schließlich mit Puderzucker bestreut.

Mach einen Hefeteig, lass ihn rasten, tue Mehl auf ein Nudlbret, walge Flekl aus, mach zwei Schnitt in das Flekl, stek die Zipfel durch die Schnitt, lass wieder rasten und bache sie im Schmalz.

Bovesen (= Powesen, Pofesen, Powidl)

Schneide Seml dinn, nimm aufgewiegte Zwetschgen, zucker sie, streich sie auf die Semlschnitl, mache einen Brandteig wie zu den Strauben, tauche sie darein und bache es im Schmalz.

Hupfauf-Krapfl

Siede 12 Lth. (= 210 g) Wasser, 8 Lth. (= 140 g) Schmalz, rühre 8 Lth. (= 140 g) Schmalz und 8 Lth. (= 140 g) Mehl drein und trockne es auf der Glut herunter. Thue es in eine Schüßl und laß es auskühlen, schlag 6 Eier drein, salz es und rühre es gut ab, streiche ein Plattl mit Wachs und thue kleine Krapfl drauf, backe sie schnell, gib Eingesottenes drauf, dann überzuckere sie.

Regensburger Kirchweihküchl

500 g Mehl, 3/8 l lauwarme Milch, 2 EL Hefe, 140 g Butter oder Schmalz
1 Prise Salz, 1 TL Zucker, 3 Eier
Schmalz zum Boden

Man gibt das Mehl in eine Schüssel, macht in der Mitte eine Vertiefung und schüttet hier hinein das Gemisch aus 1/4 l lauwarmer Milch und Hefe. Diesen Vorteig (Dampfl) lässt man nun zugedeckt an einem warmen Ort etwa 30 Minuten gehen. Dann lässt man Butter (oder Schmalz) zerlaufen und verrührt sie mit 1/8 l lauwarmer Milch, einer Prise Salz, Zucker und Eiern. Dies mischt man nun zum Vorteig und rührt den Teig so lange, bis er Blasen wirft. Darauf lässt man ihn abermals 30 Minuten gehen. Dann sticht man mit einem Löffel kleine Laibchen heraus, dreht sie auf einer bemehlten Unterlage mit flacher Hand rund und legt diese Nudeln auf eine bemehlte Unterlage, deckt sie mit einem warmen Tuch zu und lässt sie noch 1/4 Stunde gehen. Jetzt taucht man die Finger in Mehl und zieht die Küchl in der Mitte sehr dünn auseinander. Außen muss ein daumendicker Rand entstehen. Diese Küchl bäckt man in kochendem Schmalz heraus und überschüttet sie mehrmals mit dem heißen Fett. Wenn sie goldgelb gebacken sind dreht man sie um und bäckt die andere Seite ebenso.

Semmelstrauben

Trockne in Milch geweichte Semmeln auf der Glut mit einem Stückl Butter herunter bis sie sich vom Löffel schält, schlage Eier dran bis er die Dicke bekommt, zucker, daß es süß genug wird. Thue ihn durch den Model in das heiße Schmalz und backe sie schön gelb.

Tabakrollen

65 g Mehl, 8 g Mandeln, 32 g Butter, 15 g Butter, 1 Löffel voll Wein, 1 Löffel sauren Rahm, 1 kleine Messerspitze Nelken und Zimmt. Mache davon einen feinen Teig, walke ihn aus, radle 2 Finger breite Streifen herunter, wickle diese um Haseelnußstecken und binde sie mit einem Faden fest und backe sie im schwimmenden Schmalz. Man kann sie mit einer Crem oder Schlagsahne füllen.

Zopfnudeln

Ein gutes Maßl Mehl, ein guter Vierting Schmalz in`s Mehl, mach ein Dampfl von einem guten Löffel voll Germ und lauwarmer Milch ½ Tag zuvor, dann treibt man den Butter oder das Schmalz recht pflaumig ab und verrührt 3 ganze Eier und 2 Dötter, eines nach den andern hinein, nimm Zimmt, Limonie an Zucker abgerieben darunter, jetzt nach und nach das Dampfl unter die Maße rühren, gut abmachen und gehen laßen. Wenn er gegangen ist, kleine Nudeln machen und flechten dann wieder gehen lassen und endlich im Schmalz backen.

Schuxn

¼ l warme Milch
1 Hefewürfel
350 g Weizenmehl
200 g Roggenmehl
Salz
140 g Quark
1 Msp. Vanillezucker
Schmalz

In warmer Milch wird ein Hefewürfel aufgelöst und dann mit Mehl (am besten Gemisch aus Weizenmehl und Roggenmehl) und einer guten Prise Salz vermengt. Den Teig lässt man nun etwa 25 Minuten an einem warmen Ort gehen. Dann werden fettarmer Quark und Vanillezucker unter den Teig geknetet. Darauf sticht man mit einem Esslöffel Stücke in der Größe eines Eies ab und rollt diese zu ovalen, dünnen Flecken aus. Diese Teigflecken müssen nun nochmals etwa 20 Minuten zugedeckt gehen, ehe man sie im heißen Fett schwimmend herausbäckt. Die Schuxn blähen sich dabei auf und sind damit hohl. Man kann sie zu Sauerkraut, gezuckert aber auch zu Kompott essen.

Kuchen, Torten, Gebäck

Blitzkuchen

140 g Butter, 140 g Zucker
4 Eier, 50 g gemahlene Mandeln
140 g Mehl
20 g Mandelsplitter
20 g Kandiszucker

Zunächst werden Butter und Zucker schaumig gerührt. Dann rührt man 4 Eidotter, gemahlene Mandeln und Mehl dazu. Wenn das alles gut verrührt ist, hebt man den steif geschlagenen Schnee von 4 Eiweiß leicht darunter und füllt das Ganze in eine gefettete, mit Zucker ausgestreute Kuchenform und bestreut die Masse noch mit Mandelsplittern und Kandiszucker. Man bäckt den Blitzkuchen eine ¾ Stunde lang im Rohr bei 210°C.

Bahnplätzchen

200 gr. Butter, 2 Eier, 1 Pfund Zucker, ⅛ l süßer Rahm, Vanille, 2 Pfund Mehl, 7 gr. Natron oder Backpulver. Butter schaumig rühren, dann Zucker, Eier, Rahm, Mehl und Treibmittel zugeben, bis sich der Teig kneten läßt, dann ausstechen und hellgelb backen.

Blitztorte

12 eierschwer Zucker, 8 eierschwer Mehl, das Abgeriebene einer Zitrone, 4 eierschwer Butter, 4 Eier. Das Eiweiß zu steifem Schnee geschlagen, dazu rasch den Zucker, die Zitrone, die Dotter, das Mehl und zuletzt die zerlassene Butter. Die Masse gibt man in eine gut gefettete Form und backt sie bei 190 Grad etwa 30 – 40 Minuten lang.

Böhmische Kolatschen

Treibe ein vierting Butter ab, schlage 2 ganze Eier und 3 Dötter dazu mit 4 Esslöffel voll Germ, ein halbes Pfund Mehl, salze, laß gehen, gib es auf ein Nudelbrett, walke den Teig auseinander, steche runde Plattl aus, wie eine Kaffeetasse groß, gib auf jeden Fleck gehackte Zwetschen, mach ein Dreieck daraus, bestreiche sie mit abgeschlagenem Ey, besähe sie mit Zucker, gib sie auf ein Plattl, stelle es an einen warmen Ort, laß sie aufgehen, backe sie im Rohr.

Bröseltorte

Man breselt ½ Pfund frische Butter mit eben so viel feinem Mehl ab, dann kömmt ein Vierting gestoßene Mandeln, 12 Loth gestoßenen Zucker, 1 Quintchen Zimmt, 1 Quint Nelken, 2 Eier daran, macht auf dem Brette den Teig, und theilt ihn in zwei gleiche Theile. Den einen walgt man als Boden aus, belegt ihn Fingerdick mit eingemachten Früchten, von dem anderen Theile macht man einen Rand und das Gitter darauf, bestreicht sie mit Eigelb und bäckt sie auf der Blatte.

Bucheckern-Kolatschen

¾ Pfund Butter, ¾ Pfund Zucker, ¾ Pfund Mehl, ¼ Pfund Bucheckern, 8 Eyer. Der Butter wird zu Schaum gerührt, auch 1 Zitrone abgerieben und zu dem Butter nebst den Eyern eine halbe Stunde gerührt, dann das Mehl dazu. Das Blech wird mit Speck geschmiert, der Teig messerrückendick darauf gestrichen, dann die Bucheckern darauf gestreut, auch Zucker. Gelinde backen und warm geschnitten.

Bröselkuchen

500 g Butter
500 g Mehl
200 g gemahlene Mandeln
200 g Zucker
1 Msp. Zimt
1 Msp. Nelken
2 Eier
350 g eingelegte Früchte

Feste Butter, Mehl, Mandeln, Zucker, Zimt und Nelken werden miteinander bröselig verrührt. Dann gibt man die Eier dazu und verrührt alles zu einem festen Teig, den man in zwei Hälften teilt. Einen Teil rollt man aus und legt ihn in die Kuchenform, wobei die Ränder hochgezogen werden. Darauf gibt man 1 – 2 cm hoch die eingelegten Früchte. Aus dem anderen Teil schneidet man fingerbreite Streifen und legt diese wie ein Gitter über die Früchte. Im vorgeheizten Rohr bäckt man den Blitzkuchen etwa 40 Minuten bei 210°C.

Ehestandskuchen

500 g Zucker werden mit 9 Eigelb gut verrührt. Dann gibt man 125 g Mehl, die gewiegte Schale einer Zitrone und auch deren Saft dazu und vermengt alles gut miteinander. Nun schlägt man von den 9 Eiklar einen steifen Schnee und hebt ihn unter den Teig. Die Masse gibt man darauf in eine ausgefettete Form und bäckt sie bei 190 Grad etwa 35 Minuten lang.

Erdapfelkuchen

Rühre 8 Lth Zucker mit 1 Pfund geriebenen Erdäpfeln und 12 Eierdötter eine Stund gut ab, dann thue 8 Lth. fein geschnittene Rosinen und die Klar Schnee drunter, gieß das Gerührte in einen blechernen Modl und backe es in mittlerer Hitze heraus.

Kartoffelkuchen

140 g Zucker
500 g gekochte, geriebene Kartoffeln
6 Eier getrennt
140 g Rosinen

Die gekochten, geriebenen Kartoffeln werden mit den Eidottern gut verrührt. Dann gibt man die Rosinen dazu und hebt schließlich den festen Eischnee unter die Masse. Diese schüttet man dann in eine gefettete Form und bäckt das Ganze etwa 20 - 30 Minuten bei 200°C.

Gefüllte Hörndl

210 g Butter oder Margarine
250 g Mehl, 2 Eier
1 Prise Salz
2 EL Hefe, 4 EL Sauerrahm

Zunächst verrührt man Mehl mit weicher Butter und gibt dann das Gemisch aus Eidotter, Salz, Hefe und Sauerrahm dazu. Den Teig gut durchkneten, dünn ausrollen und in handgroße dreieckige Stücke schneiden. Diese Flecke werden mit eingemachten Früchten belegt, zusammengerollt und mit einigem Abstand auf ein bemehltes Backblech gelegt. Nun lässt man sie mit einem Tuch bedeckt noch etwa eine Stunde gehen, ehe man sie im Rohr bei 180°C etwa 8 – 10 Minuten bäckt.

Ersoffene Henne

Man schlägt von 6 Eiweiß einen steifen Schnee, gibt 210 g Zucker, ½ Zitrone gerieben, etwas Zimt und Nelken, sowie 6 Eigelb dazu und schlägt diese Masse so lange, bis sie Blasen wirft. Hierauf mengt man 210 g geriebenes Schwarzbrot darunter und bäckt diese Masse in einer gut gefetteten Form. Darüber gieße man folgenden Saft: warmer Most, Zucker, Zimmt und Nelken.

Gefüllte Hirndeln

Es werden 12 Loth Butter mit ½ Pfund Mehl vermengt, dann rührt man in einem Hafen 2 Eierdotter, Salz, 2 Löffel voll Germ und 4 Löffel sauern Rahm gut ab, thut es an das Mehl, macht den Teig damit an, und walzt ihn Messerrückendick aus. Dann werden dreieckige Flecke geschnitten, mit Eingemachten gefüllt, zusammengerollt und auf ein Blech mit Papier, das mit Mehl bestäubt ist, worauf man sie eine kleine Stunde gehen lässt, dann werden sie mit Eierdotter bestrichen und im Rohre schön gelb gebacken.

Germwandl

Nimm in einen Hafen 9 Loth Mehl 6 Loth zerlaßene Butter 8 Löffel voll Germ 5 Eierdötter, 3 Löffel voll Obers, schlage den Teig gut ab, salze ihn, schmire die Wandl gut, fülle sie halb, laß ihn gehen und backe sie.

Kartoffelgugelhupf

500 g Mehl, 1/4 l warme Milch
1 Hefewürfel
350 g gekochte Kartoffeln
120 g Butter, 2 Eier
60 g Zucker, 40 g Rosinen
1 Prise Salz

Zu einem in warmer Milch aufgelösten Hefewürfel wird langsam das Mehl gerührt. Dieses „Dampfl", den Vorteig, lässt man nun etwa 40 Minuten gehen. In dieser Zeit werden gekochte Kartoffeln vom Vortag mit dem Reibeisen fein gerieben. Zu den geriebenen Kartoffeln gibt man dann den Hefeteig, die zerlassene Butter, die Eier, Zucker, Rosinen und eine Prise Salz. Dieser Teig wird gut durchgemischt und dann in eine ausgefettete Gugelhupfform gegeben. Etwa 20 Minuten lässt man ihn noch zugedeckt in der Wärme gehen, ehe man ihn etwa 45 Minuten lang bei 180 – 190°C im Rohr bäckt. Man sollte den Gugelhupf wenigstens 15 Minuten abkühlen lassen, bevor man ihn aus der Form stürzt.

Kastanienspeis

Rühr ¼ Pfund Butter ab, ¼ Pfund Zucker, ¼ Pfund Mandl, 4 ganze Eyer und 4 Dotter nacheinander dazu, siede ½ Pfund Kastanien, thu die gelbe Haut herunter, stoße sie fein und rühre sie unter die übrige Maße ¼ Stunde lang. Bestreich ein Becken und backe sie.

Kindbettnudeln

¼ Pfund Zucker, ¼ Pfund Butter, ¼ Pfund Mehl nicht ganz ¼ Pfund gewiegte Haselnüß, 2 ganze Eier und die Schale von ½ Zitrone. Alles gut gerührt. Fingerdicke Nudeln auf ein mit Mehl bestreutes Blech, bestreiche sie mit Eigelb und backe sie goldgelb.

Rehrücken

Nimm 12 Loth Zucker, und 12 Eierdötter in Mehl, rühr es bis es dick wird, dann schlage den Schnee von 7 Eiern verrühre ihn Löffelweise, dann gib 8 Loth ungeschälte mit der Schäler klein geschnitten Mandl hinein, dann auch 4 Loth Semmelbreßl und Limonischalln und 3 Gewürznelken, rühre den Teig gut ab, schmier den Modl mit Butter, bestreue ihn mit Brößeln gib den Teig hinein laße ihn eine Stunde backen, stürze ihn auf eine Schüßl, dann nimm 4 Zeltl (= kleine Täfelchen) Schokolade rühre sie in 2 Löffel Wasser und 2 Klar, gib 4 Loth Zucker hinein, etwas Limonisaft und rühre es gut ab, so dann bestreiche den Rücken damit, dann schneide 3 Loth Mandl länglicht und bestecke ihn gut.

Rehrücken

110 g Margarine
110 g Zucker
6 Eier (getrennt)
110 g geriebene Schokolade
110 g Speisestärke
1 TL Backpulver
3 EL Zucker in den Eischnee
110 g geriebene Mandeln
110 g Kuvertüre
60 g gestiftelte Mandeln

Nachdem Eigelb, Zucker und Butter schaumig gerührt wurden, gibt man geriebene Schokolade dazu. Die mit Backpulver vermischte Speisestärke streut man jetzt über die Masse und hebt sie darunter. Nun schlägt man das Eiweiß zu Schnee, gibt Zucker dazu und schlägt das Ganze schnittfest. Dann mischt man den Rührteig und die geriebenen Mandeln locker unter den Eischnee. Die Masse gibt man nun in die gefettete und bemehlte Rehrückenform und lässt sie bei 180°C etwa 70 Minuten im Rohr backen. Nach dem Erkalten überstreicht man den Rehrücken dick mit geschmolzener Kuvertüre und spickt ihn mit gestiftelten Mandeln.

Marmeladen, Eingemachtes, Mus und Sirup

Hollerkoch (= Holunderkompott)

Die schwarzen „Hollerbirl" (= Holunderbeeren) streift man vorsichtig von den Stengeln und kocht sie mit wenig Wasser zusammen mit Zucker und Birnenschnitten oder entkernten Zwetschgen. Das Hollerkoch passt gut zu verschiedenen Kartoffelgerichten.

Äpfelmarmelade

Siede Äpfel samt der Schäln in Waßer, dann wenn sie hinreichend weich sind, passir sie durch ein großes Sieb und menge auf ein Pfund Marmelade ½ Pfund gestoßenen Zucker dazu. Mit dem Zucker müßen sie noch zwei Stunden kochen, dann hebe sie auf, dann kann man sie zu allem als Fülle verwenden.

Tomaten-Apfelmarmelade

2 Pfund geschälte und entkernte Äpfel, 1 Pfund Tomaten, zerkleinern und mit der Schale von 2 Zitronen kochen, durch ein Sieb streichen und auf 1 Pfund Masse 1 Pfund Zucker einkochen.

Tomatenhonig

Grüne Tomaten mit wenig Wasser weichkochen. Dann den Saft ablaufen lassen. Auf 1 l Saft 1 Pfund Zucker oder Sirup geben und so lange kochen lassen, bis es beim Erkalten dick wird wie Honig. So fest wie Apfelgelee wird es nicht.

Vierfruchtmarmelade

Jeweils 1 Pfund rote Johannisbeeren, süße schwarze Kirschen, aber noch harte Stachel- und Himbeeren werden ohne Zutaten auf schwachem Feuer weich gedämpft. Dann durch ein Sieb gestrichen, daß Steine und Kerne zurückbleiben. Dann die durchgestrichene Masse mit 2 ½ Pfund geläutertem Zucker so lange kochen, bis es dick geworden ist.

Zuckerrübensirup

Die Rüben werden gewaschen, mit einer Bürste sauber geschrubbt und in Scheiben geschnitten. Man gibt diese dann in einen großen Topf, bedeckt sie bis zur Hälfte mit Wasser und lässt sie weich kochen. Schließlich gibt man die gekochten Zuckerrübenschnitzel in ein Tuch und presst den Saft heraus in einen Topf. Diesen Saft kocht man ein, bis er dickflüssig wird. Dabei muss mehrmals der dabei entstehende Schaum abgeschöpft werden. In Gläser gefüllt diente der Sirup als Zuckerersatz beim Backen, allgemein zum Süßen und auch als Brotaufstrich.

Getränke

Nussgeist

1 ½ kg grüne Nüsse
125 g Zucker
1 l Wasser, 1 l Weingeist
1 Zimtstange, 5 – 6 Nelken

Die grünen Nüsse werden lauwarm gewaschen und in Achtel geteilt. Dazu gibt man Zucker. Jetzt kocht man 1 l Wasser ab, lässt es erkalten und schüttet es dann zusammen mit 1 l reinem Weingeist über die Nüsse. Darauf füllt man alles in Flaschen oder einen Glasballon und stellt diese ans Sonnenlicht. Nach etwa 8 Tagen gibt man noch Zimt und Nelken dazu.

Tee

Hagebutten, getrocknete Äpfel, getrocknete Apfelschalen und die verschiedensten Kräuter wurden aufgebrüht und gesüßt als Tee genossen.

Holundersekt

12 Hollerblüten, 10 l Wasser, 2 ½ Pfund Zucker, Saft von 3 Citronen oder ¼ l Weinessig, Schale von einer Citrone

Zubereitung: Blüten, Wasser, Zucker und Citronenschale kochen, erkalten lassen und abseihen, Citronensaft oder Weinessig zugeben, in Flaschen füllen, gut verschließen, liegend und dunkel 4 – 5 Wochen lagern.

Holundersaft

7 ltr. Wasser, ½ ltr. Weinessig, 1 Citrone in Scheiben geschnitten, 2 Pfund Zucker in einem Topf oder Eimer 24 Stunden stehen lassen. 10 – 12 Sträubchen weißen Holunder die Blüh dazu. Dann durch ein Tuch filtrieren, in Flaschen füllen und diese 8 Tage in der Sonne oder in der Wärme stehen lassen, kühl aufbewahren.

Likör aus Heidelbeeren und Johannisbeeren

2 Pfund reife Johannisbeeren und 1 Pfund schwarze Heidelbeeren werden in einige Flaschen verteilt oder noch besser in ein großes Glasgefäß gegeben, 10 gr. ganzen in Stuk gebrochenen Zimt beigefügt und 5 Schoppen guter Landwein darüber gegossen. Flaschen oder Gefäß werden gut verschlossen, dan läßt man ihn 4 – 5 Wochen der Sone destillieren und bewahrt hierauf den Likör zum Gebrauche auf.

Schwarzbeerliqueur

Zu einer Maß Saft sind 4 Maß Schwarzbeeren erforderlich. Diese werden zerdrückt, 3 Tage in Keller gestellt und dann durch gepreßt, dan stellt man es nochmals eine Nacht in Keller und gißt hernach den Saft ab. Zu einer Maß Saft braucht man ¾ Pfund Zucker, ½ Lth. Zimt, ½ Lth. Nelken, das ganze zusamen gekocht und rein abgeschäumt. Nach den Erkalten wird es mit einer halben Maß Weingeist aufgegoßen, die Maße in Flaschen gefüllt in die Sonne 2 – 3 Wochen gestellt, und dan aufbewahrt.

Schlussgedanke

Wenn man sich mit der Ernährung und der Kochkunst in der ersten Hälfte des zwanzigsten Jahrhunderts beschäftigt, so wird einem schnell bewusst, dass es eigentlich noch gar nicht so lange her ist, als unsere Vorfahren, unsere Eltern und Großeltern schwere Notzeiten durchleiden mussten. Während der beiden Weltkriege, in den Jahren der Inflation, der schweren Wirtschaftskrise und den schlimmen Nachkriegsjahren hatten Lebensmittel einen ungeahnt hohen Stellenwert im täglichen Leben der Menschen eingenommen. Sie wurden letztlich zur unabdingbaren Voraussetzung für ein Überleben. Wobei der eklatante Nahrungsmittelmangel in den verschiedenen Krisenzeiten unterschiedlich stark ausgeprägt war und ein deutliches Gefälle zwischen Stadt und Land aufwies. In diesen Zeiten des Mangels kamen in den Küchen der Erfindungsgeist der Frauen und Mütter und das überlieferte Wissen über den sparsamen und klugen Einsatz von Lebensmitteln voll zum Tragen.

Hunger und Kälte setzten den Menschen extrem zu. Verheerende Bombenangriffe legten zahlreiche Städte in Schutt und Asche. Viele Menschen hausten notdürftig über lange Zeit in den Ruinen. In ihrer Not verheizten die geplagten Städter nicht nur die Bäume und Bänke aus den Parkanlagen, auch die Parkettböden und sogar Bücher wanderten in die Öfen. Zu Hunger und Kälte kamen noch die miserablen Hygieneverhältnisse. Die ohnehin geschwächte Bevölkerung wurde von vielerlei Krankheiten erfasst, die nicht ausreichend bekämpft werden konnten, da es an Medikamenten mangelte.

„Zum Leben zu wenig, zum Sterben zu viel", meinte eine meiner hoch betagten „Interviewpartnerinnen", die ich im Rahmen meiner Recherchen nach dem Umfang der damals zur Verfügung stehenden Lebensmittelrationen befragte.

So standen beispielsweise jedem Erwachsenen Ende März 1945 pro Woche folgende Mengen an Nahrungsmitteln zu: 1700 g Brot, 250 g Fleisch, 125 g Fett, 125 g Zucker. Alle drei Wochen konnte man 100 g Kaffeeersatz, 62,5 g Käse und 225 g Nährmittel (z. B. Teigwaren) beziehen. Vorausgesetzt die Zulieferung funktionierte! Dies entspricht

ziemlich genau 650 kcal pro Tag und damit den Vorgaben für eine strenge Diät, für eine ausgeklügelte „Gewalt-Fastenkur", der sich so mancher, meist übergewichtige Zeitgenosse heutzutage unterzieht. Die Triebfedern dazu variieren. Die Einsicht, „dass es so nicht weitergeht", kann dahinter stecken. Ein wohlmeinender ärztlicher Rat, im weitesten Sinne also gesundheitliche Gründe, können der Auslöser sein. Aber auch das zweifelhafte Ziel einer „Idealfigur", also die Jagd nach einem imaginären Schönheitsideal, das uns von den Medien permanent vorgegaukelt wird, lässt dafür anfällige Menschen das Joch einer Fastenkur auf sich nehmen.

Und letztlich lassen sich all diese Erscheinungen auf den ungeheuren Überfluss an Nahrungsmitteln zurückführen, mit dem wir offensichtlich nur schwer umgehen können, den wir nicht beherrschen, der uns immer wieder zu unvernünftiger Lebensweise verleitet. Essstörungen in allen möglichen Ausformungen lassen darauf schließen, dass das „Ernährungsgefüge" erheblich aus dem Ruder gelaufen ist. In der Folge müssen in Kliniken zunehmend Abteilungen eingerichtet werden, die sich einer ständig wachsenden Zahl magersüchtiger, überwiegend junger Patienten annehmen. Fettleibige Kinder werden auf Kur geschickt, um mit Bewegung und vernünftiger Ernährung den übermäßigen Pfunden Herr zu werden. Schönheitschirurgen saugen massenweise Fett ab.

Dazu gesellt sich in unserer Zeit eine für jeden vernünftigen Menschen schier unerträgliche „Wegwerfmentalität". So landen alleine in Deutschland jährlich 20 Millionen Tonnen Lebensmittel auf dem Müll. Man kann sich nur schwer vorstellen, dass dieser gedankenlose Umgang mit Nahrungsmitteln auf Dauer so weitergehen kann.

Bleibt nur zu hoffen, dass in all diesen Bereichen in absehbarer Zeit ein Umdenken erfolgt und dass der Wert von Nahrungsmitteln wieder so geschätzt wird, wie es angemessen erscheint und den Generationen vor uns, oftmals gezwungenermaßen, durchaus bewusst war.

Glossar

abgeblasene Milch
entrahmte Milch

abgetrauft
abgetropft

abgetrieben
verquirlt

abnehmen
abhängen (Fleisch)

abseihen
Wasser entziehen, wegnehmen

abgeschölt
abgeschält

abklöpfeln
verquirlen

abmachen
vermischen

absprudeln, absprugeln
verrühren, verquirlen

Abschöpffett
Fett, das von einer Suppe, gekochten Knochen abgeschöpft wird

abtreiben
rühren, bis es schaumig wird

akentn
anzünden

Alkermessaft
Saft der Alkermesschildlaus (rote Speisefarbe)

alzeit
immer

Animon
Gewürz

anlaufen
anschwitzen

Antivi
Endivie

Antn
Ente

auf der Glut
auf dem Ofen (ohne die Ringe und ohne den Deckel)

aufkochen
kann auch anbraten bedeuten

aufpregeln
aufsprudeln

ausdrehen
ausrollen mit dem Nudelholz

auslassen
Speck erhitzen, oder in eine Form schütten

ausmachen
auswalken, kneten

Auter
Euter

bähen
Rösten von Semmelstücken oder Brot

Bärendreck
Lakritze

Bäuschl, Baisl, Beischl, Beuschel
Lunge, Innereien, Herz, Lunge, Milz, Leber

ballen, herausballen
Bällchen formen

Beck
feuerfeste Form aus Ton oder Metall

Beinen
Knochen

besähen
bestreuen

Bertram-Essig
Essig mit Gewürzen (meist Estragon)

beträufen, betrapfen
beträufeln

bicken, picken
kleben

Bisgoten, Biskotten
Bisquitgebäck

blattelweis, blätterweise, blattlicht, geblättelt schneiden
dünne Blätter schneiden

blanschieren
überbrühen, aufkochen lassen

Blattl, Plattl
Backblech

Blutscher
großes Tongefäß

Bodin
Pudding

Bötzeln
Pinkerl

Bori, Pori, Poree
Lauch

Borstorfer Äpfel
alte Apfelsorte

Bratzen, Brätzl
Füße

Brandnüsse
Gebäck aus Brandteig in Nussgröße

braune Einbrenn
Zucker karamellisieren + 1 Teil Fett + 1 Teil Mehl

breseln
bröseln

Breselknödel
je ein Teil Fett, Eier, Semmel- oder Brotbrösel

Bries
Hormondrüse

Britsuppe
Sud, in dem Leber- und Blutwürste gekocht werden

Bröckl, Brocken
klein geschnittene Stücke

Brunellen, Prünellen
Pflaumen

Butterteig
Blätterteig

Butzen
Kernhaus

Capri
Kapern

Charlotten, Schalotten
kleine Zwiebeln

Dampfl
Mehl + Milch + Hefe = Hefeteig (muss gehen)

Dest
Mus

Dobernigl
Steinpilz, Herrenpilz

Döder
Dotter

Dorschen
Steckrüben

dressieren
Cremes spritzen in einer gewünschten Form, Verzierung

dunken
tauchen

Dunst
im kochenden Wasserbad dünsten

durchseigen
seihen

Eier, Eyer, Euer, Oa
Eier

Eierweiß, Eiklar
Eiweiß

Einbrenn
helle oder dunkle Mehlschwitze

einbreseln, einbröseln
panieren

eindunken
eintauchen

Eingerührtes
gequirltes Eigelb oder ganzes Ei

Eingekochtes
eingeweckte Früchte

Eingesottenes
Marmelade

einmelbeln
mit Mehl einstauben

Glossar

Eis
Zuckerguss

englische Kartoffeln
speckige, fest kochende Kartoffeln

Essenz
dicke, kräftige Suppe

Essigsäuere
mit Essig gesäuert

faischiren
klein wiegen, hacken

faischierter (oder farcierter, faschierter) Schweinskopf
gefüllter Schweinskopf

Farce
Füllung

Farin
gelblicher Zucker

Fasch, Faisch, Farsch
fein gehacktes, gewiegtes Fleisch (auch als Füllung), Hackfleisch

fein kochen
langsam kochen

feimen
schaumen

Feldhühner
Rebhühner, Schnepfen

Fenichl
Fenchel

Fetten
Fett

Fetzen
Schurz

flaumig, pflaumig
schaumig

Flaxen
Sehnen

Foam
Schaum

Fond
Ausgangsbrühe für Suppen oder auch Saucen

Fridatten
Pfannkuchen

Frikando
mit Speck gespicktes Fleisch (meist vom Schlegel)

gebackene Erbsensup
Suppe mit Backerbsen

gebähtes Schnittl
geröstete Semmel- oder Brotstücke

Gehäck
klein gehacktes Fleisch, Hackfleisch

gehörig
wie es sein soll, so wie es gehört

gekraust gespickt, kraus gespickt
mit eingesetzten Speckstücken

geläutert
klar, rein (Zucker)

Germ
Hefe

geweigt
eingeweicht

gepfatzt
geröstet in Fett

Geselchtes
geräuchertes Fleisch

gesotten
gekocht

gestoßen
(im Mörser) zerkleinert

gesulzt
geliert

Gewürzdosis
Pimentkörner, Pfefferkörner, Gewürznelke, Lorbeerblatt

Gewürznägel
Nelken

glasieren
für eine glänzende Oberfläche von Speisen sorgen

glosen
glimmen

Gnakwurst
Knackwurst

Goguma, Guguma
Gurke

Golatschen, Kolatschen
Mehlspeise aus Hefeteig mit Füllung

Grandbeeren
Preiselbeeren

Gremmeln
Grieben

Gris, Gries, Krieß
Grieß

grillieren
auf einem Rost braten

grün
roh (grüne Kartoffel = rohe Kartoffel)

Gugaruz
Mais

Gugen, Guken
eine halbe Eierschale voll

Haber
Hafer

Hackl =
Beil

Halbe
ein halber Liter

Häfen
Hafen, Topf

Häupl, Häuptl, Haipl
z.B. Kopfsalat (ein Häupl Salat, ein Häupl Zwiebel)

Hausenblase
Geliermittel (Fischleim)

Hetscheben
Hagebutten

Hiften, Hüften
Hagebutten

Hobelschoatn
Hobelspäne

Hobern
Hafer

Iada
Dienstag

Impe
Biene (Imme)

in der Feste
in der Konsistenz

Indian
Truthahn

Jus
Saft (eines Bratens)

Kälter
Keller

Karfiol, Kafiol
Blumenkohl

kandieren
in Zuckerlösung tränken

Kapaun
kastrierter Hahn

karamellisieren
Zucker durch Erhitzen schmelzen

Karbonade
Rippenstück

Karbonadenhafen
Topf (meist aus Ton) mit dickem Boden

Kasserolle, Kasserol
flacher Kochtopf mit Stiel, auch mit Deckel

Kem, Kim
Kümmel

Kindsmus
Mehlmus

Kirm
Tragekorb

Kitten, Kiten
Quitten

Glossar

Klar
Eiweiß

Klar zu Schnee
das Eiweiß wird geschlagen zu Eischnee

Knofel
Knoblauch

Koch
Mus, Eingekochtes, z.B. Zwetschgenkoch, Hollerkoch

Königsmehl, Mundmehl
besonders feines Mehl

Körbelkraut
Kerbel

Kohle auf Deckel
Oberhitze

Kohlraben
Kohlrabi

Kolatsche
gefüllter Hefekuchen

Konfekt, Confect
kleine süße Speisen

Kracherl
Limonade

Kranawitt, Kronawittbeer
Wacholder

Kranawittvogel, Krawittvogel
Wacholderdrossel

Kräutl
Gewürzkräuter, Küchenkräuter

Krebsschweiferl
Krebsschwänze

Kren
Meerrettich

Kühkas
Sauerampfer

Lagl
Holzbehältnis zum Aufbewahren lebender Fische

Leg
Lage

legieren
binden mit Ei und/oder Rahm

Lemoni
Zitronen

lind
weich

Lungenbraten
Filetstück

Magrana
Makkaroni

Mairam
Majoran

Mandlsup
Mandelsuppe

marb
mürb

Mark, March
Fruchtfleisch oder Knochenmark

Maronen
Kastanien

Maschanzgeräpfel
alte Apfelsorte

Maßl
Pfund

Maurachen
Morcheln

Mäuseleiter
Küchenkraut

Melbler
Mehl

meßern
aus Messing

moa, mohr
weich

Model
Form aus Ton oder Blech (Kastenform, Pastetenform, Kuchenform)

Mößel
Mass

Moiber
Himbeeren

Monatsblümleinstökl
Liebstöckl

Mundmehl
feinste Mehlart

Muschgatblüh
Muskat

Nageln, Nagerl, Nägerl
Nelken

Neugewürz
Piment (Nelkenpfeffer, Küchengewürzmischung)

Nessel
Brennnessel

Netz
Bauchnetz

Nöckerl, Nögerl
Nockerl

Obers
Süßrahm

ordinäres Mehl
dunkles Mehl (Roggenmehl)

parsiren
passieren

Paskanat, Pastinaken
eine Art großer Petersilienwurzel

pecken (Eier aufpecken)
picken, aufpicken, aufschlagen

pfäzen, pfärzen, pfazen, pfatzen, pfetzen, fähen
in Schmalz anrösten

Pfinsta
Donnerstag

pflaumig, pflamig, flaumig
schaumig

picken
kleben

pochieren
im heißen Wasserbad garen

Pötzerl, Patzln, Batzerl
Batzen, Binken, Pinkerl

Pomeranzen
Bitterorangen

Pomeranzenzelten
Gebäck mit Bitterorangen

Pries
Bries (Hormondrüsen)

Provancer Öl
Öl aus der Provence (Olivenöl)

Puri
Poree

Radl
Scheiben

rädlich aufschneiden
in Scheiben schneiden

Ramerl
knusprige Kruste

ramlich braten, ramlig
so braten, dass eine Kruste entsteht

Raum
Rahm

raß, rass
scharf

Reherl, Rehgoaßl
Pfifferling

Reiberdatschi
Reibekuchen aus Kartoffeln

reiden
seihen

Rein
längliche Brat- und Backform

Ribisl
Johannisbeeren

Riefern
Runzeln

Runkel
Futterrübe

Glossar

Rutten, Rute
Süßwasser-Fischart

Sadeln, Sardeln
Sardellen

säuern
Essig dazu

Salmi, Salmis
Geflügelragout

Schalotten, Chalotten
kleine Zwiebeln

Schären
Scheren

Scheffel, Schäffel
Holzbottich, auch Hohlmaß
(siehe Maße und Gewichte)

Scherzl
Brotanschnitt

Schmargn
Schmarrn

schmirben
schmieren

Schmolln, Schmolle
das weiche Innere von Semmeln und Brot

Schnittler
Schnittlauch

Schoatn
Späne

Schölen
Schalen

Schoto, Chaudeau
geschäumte Sauce

schrepfen, schröpfen
die Haut entfernen

Schühsup, Schühsuppe, Jussuppe
klare, braune Fleischbrühe (aus Fleisch und/oder Markknochen), Fond

Schwämme, Schwammerl
Pilze

Schweiferl
Schwanz

schweln, schwellen
aufwallen, aufkochen lassen

seigen
seihen

Seitl, Seidl
ein viertel Liter

Spagat
dünne Schnur

speer
trocken

Speidl
Spalten

Spenat
Spinat

spicken
Speckstreifen in ein Fleischstück stecken

spindig (Teig)
feucht, nicht aufgegangen, zusammengefallen

spinnen
wenn z. B. der Zucker Fäden zieht

Spitzweger
Spitzwegerich

sprudeln, sprugeln, sprigeln
quirlen

stänglicht
als dünne Streifen, Stängel

Stand
besteht aus Essig, Öl und Gewürzen bzw. ist es eine Brühe, in der gegart wird

Stanitzl, Stranitzl
trichterförmige Spitztüte aus Papier

stauben
ein wenig Mehl darüber streuen

Stockfisch
luftgetrockneter Fisch (meist Seefisch)

stoppen
kleine Löcher stechen

stoßen
zerkleinern (im Mörser)

Straube
Schmalzgebäck

Strizl, Stritzel
kleines oder geflochtenes Gebäck

Sup
Suppe

Suppengrün
gelbe Rübe, Sellerie, Lauch, Petersilienwurzel

Tegl, Tigl, Tiegl
Topf

transchieren, tranchieren
zerteilen

trapfen
betropfen

tunken
tauchen

überschmirben
mit Fett bestreichen

überschwemmig
überdeckt

unter Glut, bei der Glut
im Backrohr

von der Ferne kochen
von der Stelle mit der größten Hitze (über dem Feuer) wegnehmen

walgen, walken
ausrollen

Walger, Walker
Nudelholz

wallen
aufkochen

Waller, Wallerer
wenn das Kochgut aufwallt, aufkocht

Wandl
Backform

Weidling, irdener Hafen
weite, flache Tonschüssel

weiken
einweichen

wiegen
zerkleinern mit dem Wiegemesser

wirchen, würgeln
walken

Wirschi
Wirsing

würflicht, wirflet schneiden
in Würfel schneiden

Wurzelwerk
gelbe Rübe, Sellerie, Lauch, Petersilienwurzel

wuzeln, wutzeln
ausrollen

Zecher, Zeger
Tragetasche

Zeleri, Zellerie
Sellerie

Zelten
Plätzchen

zerschleichen lassen
zerlaufen lassen

Zibeben
große Rosinenart

Ziemer
Rücken

Zigeuner
Speisepilz

Zimet, Zimat
Zimt

Zucker gestoßen
normaler Haushaltszucker

Zwifl
Zwiebel

Quellenangaben

Archiv der Stadt Waldkirchen,
diverse Dokumente, Unterlagen und Fotografien.

Bentzien, Ulrich,
„Haken und Pflug", Berlin 1969.

Fellger, Friederike,
„Neues illustriertes, süddeutsches Kochbuch",
Zeller und Schmidt, Stuttgart 1900.

Fisher, Gustav,
„Landmaschinenkunde",
Eugen Ulmer, Stuttgart 1928.

Götschmann, Dirk,
„Wirtschaftsgeschichte Bayerns",
Pustet, Regensburg 2010.

Hadry, Sarah / Schmalzl, Markus,
„München hungert, Weltkrieg und Ernährungskrise 1916 – 1924", Generaldirektion der staatlichen Archive Bayerns, München 2012.

Hardtwig, Wolfgang,
„Utopie und politische Herrschaft im Europa der Zwischenkriegszeit", Oldenburg, München 2003.

Hubensteiner Benno,
„Bayerische Geschichte",
Süddeutscher Verlag, München 1980.

Huegel, Arnulf
„Kriegsernährungswirtschaft Deutschlands während des Ersten und Zweiten Weltkriegs im Vergleich",
Hartung-Gorre, Wolfgang, 2003.

Schandri, Marie,
„Regensburger Kochbuch",
Coppenrath, Regensburg 1876.

Schmeller, Johannes Andreas,
Bayerisches Wörterbuch, Academie der Wissenschaften,
Band 1 – 2, München 1872 – 1877.

Schulz, Matthias,
„Europa-Netzwerke und Europagedanke in der Zwischenkriegszeit", Europäische Geschichte Online, Institut für Europäische Geschichte, Mainz 2010.

Stein, Hartwig,
„Inseln im Häusermeer",
Lang, Frankfurt a.M. 1998.

Die handgeschriebenen Kochbücher

Hinterreiter, Maria, geb. 8.3.1902 in Kälberbach Gem. Neukirchen am Inn, gest. 1979

Hausböck, Maria, Waldkirchen, ab 1850

Lorenz, Maria, Gastwirtstochter, Hötzdorf bei Hutthurm, um 1897 – 1943

Meindl, Maria, Waldkirchen, ab 1913

Oberneder, Maria, (1906 – 1993), Großtannensteig, Tochter der Lorenz Maria

Ostercorn, Anna, Hauzenberg, ab 1841 bis etwa 1910

Poxleitner, Anna (geb. 1881), Freyung, Gastwirtin, ab 1904 bis etwa 1935

Putz, Therese, Grundmühle, ab 1919 bis 1949

Regensburger, Maria, ab 1900 bis etwa 1946

Drei Weitere handgeschriebene Kochbücher aus der Stadt Passau, dem Rotthal und dem Bayerischen Wald konnten nicht zugeordnet werden, stammen jedoch aus dem in diesem Buch bearbeiteten Zeitraum zwischen 1895 und 1946.

In diesem Zusammenhang gilt es Dank zu sagen den vielen Leih- und Ratgebern, ohne deren wertvolle Informationen und großartige Unterstützung dieses Buch nur schwerlich entstanden wäre. Stellvertretend für zahlreiche andere Personen möchte ich mich besonders bedanken bei Frau Anneliese Fuchs, Frau Maria Geiß, Frau Christa Jüngling, Herrn Krottenthaler, Herrn Richard Schiffler, dem Archivar des Landkreises Freyung-Grafenau und der Stadt Waldkirchen, bei Frau Maria Schober, Frau Maria Stögbauer und Frau Uta Worlitschek. Dank gebührt auch den „Probeköchinnen", hier an erster Stelle meiner Frau, die ganz wesentlich dazu beitrugen, dass die alten Rezepte mit ihren knappen Mengen- und Zeitangaben in eine heute übliche „Küchensprache" übertragen werden konnten.

Bildnachweis

Titelbild:
Foto: Anna Schmid,
Alte Küche im Freilichtmuseum Finsterau

Bildnachweis
Freilichtmuseum Finsterau / Foto: Anna Schmid
S. 8 links, 13 linke Spalte, 23, 24 unten, 35, 46 oben, 47 rechts, 50, 52, 53, 139 unten

Privatarchiv Rupert Berndl
S. 15, 19 oben, 24 oben, 25, 26, 37, 38

Rupert Berndl
S. 58, 59, 63, 65, 66, 68, 70, 71, 82, 83, 88, 93, 97 98, 101 oben, 102, 105, 106, 107, 110, 112, 119, 123, 124,125, 138

Archiv der Stadt Waldkirchen
S. 30, 31 unten, 39, 54, 55 unten

E-Werk Heiblmühle der Familie Sarfert / Foto: Michael Höf
S. 10-11

Hans Krottenthaler
S. 32 oben

„Für die Hausfrau" – Zeitschrift, Jahrgang 1922
S. 33, 41

Handgeschriebenes Kochbuch
S. 48

www.lanz-bulldog-homepage.de
S. 6 links und mittig, 16, 17, 18, 19 unten

Deutsches Landwirtschaftsmuseum Schloss Blankenhain / Foto: Dr. Ernst Woll
S. 22

ÖNB / Foto: Blaha
S. 34 (Bildsignatur: B 595/19)

Stadtarchiv Münster
S. 44, 132 (v. links: Stadtgeschichtliche Dokumentation Nr. 53.3 - Foto 051; Stadtgeschichtliche Dokumentation Nr. 54.5 - Foto 101)

Bundesarchiv / Foto: Dissmann
S. 55 oben, 138 (Bildsignatur: 183-W0402-500)

Petra Hammerstein / www.dermutanderer.de
S. 58

fotolia / www.fotolia.com
S. 7 links, 94 unten (Foto: Heike Rau), 7 mittig, 77 (Foto: blende40), 8 rechts (Foto: marcovarro), 9 (Foto: You can More) 13 rechte Spalte (Foto: Dmitry Vereshchagin), 20-21 (Foto: Willi Wilhelm), 21 (Foto: Frank-Peter Funke), 7 rechts, 31 oben (Foto: Photocrew), 56-57, 84, 108 (Foto: kab-vision), 60 (Foto: Martin Turzak), 62 (Foto: rabatz77), 64, 95 (Foto: womue), 72 (Foto: babsi_w), 73 (Foto: yamix), 76 (Foto: HLPhoto), 80 (Foto: CUKMEN), 85 (Foto: photocrew), 86 oben (Foto: ExQuisine), 86 unten (Foto v. links: Hetizia, IrisArt, illustrez-vous), 87 (Foto: vpardi), 90 (Foto: zhekos), 92 (Foto: Bill), 96 (Foto: sil007), 101 unten (Foto: Alfred Nesswetha), 103 (Foto: silencefoto), 104 (Foto: Quade), 109 (Foto: chamillew), 113 (Foto: Barbara Pheby), 118 (Foto: HLPhoto), 122 (Foto: FFCucina Liz Collet), 120 (Foto: kitchenkiss), 126 (Foto: Ars Ulrikusch), 128, 130 (Foto: Marco Mayer), 131 (Foto: marrakeshh), 132 (Foto: Stefani Brügge), 134 (Foto: Doris Heinrichs), 135 (Foto: Gerhard Paukstat), 136 unten (Foto: julia_arda)

pixelio.de
S. 6 rechts, 14 (Foto: Michael Bührke), 40 (Foto: Maja Dumat), 42 (Foto: Sabine Fischer), 45-46 (Foto: Rainer Sturm), 46 (Foto v. links: Susanne Schmich, Jürgen Frey, Peter Schmidt, Dörthe Huth), 49 v. links (Foto: Annamartha, Rosel Eckstein, M. Hommes, Angelika Koch-Schmid, uschi dreiucker, Andreas Musolt, knipseline, Volker Kraus, wolfgang teuber, Angelika Koch-Schmid, Steffie Pelz), 53 (Foto: Sabine Geißler), 51 (Foto v. oben: uschi dreiucker, Mika Abey, Paul-Georg Meister, Joujou, berggeist007), 74 (Foto: Andreas Hermsdorf), 81 (Foto: Rainer Sturm), 89 (Foto: Heidrun Schneider), 96 unten (Foto: Silvio Schulze), 136 oben links (Foto: Annamartha), 136 oben rechts (Foto: w.r.wagner)

freepik.com
S. 94 oben (Foto: Pixel-Shot.com)

Bücher für Bayern

ISBN 978-3-95587-825-2 · Preis: 24,90 €

ISBN 978-3-95587-767-50 · Preis: 24,90 €

ISBN 978-3-95587-800-9 · Preis: 24,90 €

ISBN 978-3-95587-097-3 · Preis: 24,90 €

ISBN 978-3-95587-730-9 · Preis: 19,90 €

ISBN 978-3-86646-705-7 · Preis: 19,90 €

Bildbände Bayerischer Wald

ISBN 978-3-95587-815-3 · Preis: 24,90 €

ISBN 978-3-95587-075-1 · Preis: 29,90 €

ISBN 978-3-95587-816-0 · Preis: 39,90 €

Heimat
battenberg
gietl verlag

Battenberg Gietl Verlag GmbH
Pfälzer Straße 11 · 93128 Regenstauf
Tel. 0 94 02 / 93 37-0 · Fax 0 94 02 / 93 37-24
E-Mail: info@battenberg-gietl.de

aus Liebe zur Heimat

ISBN 978-3-95587-801-6 · Preis: 24,90 €

ISBN 978-3-95587-813-9 · Preis: 29,90 €

ISBN 978-3-95587-820-7 · Preis: 24,90 €

ISBN 978-3-95587-818-4 · Preis: 24,90 €

ISBN 978-3-95587-782-8 · Preis: 24,90 €

ISBN 978-3-95587-773-6 · Preis: 19,90 €

ISBN 978-3-95587-775-0 · Preis: 19,90 €

ISBN 978-3-95587-745-3 · Preis: 17,90 €

ISBN 978-3-95587-077-5 · Preis: 19,90 €

Fordern Sie kostenlos unser Verlagsprogramm an!
Unser komplettes Programm mit Leseproben finden Sie online unter **www.battenberg-gietl.de/Heimat**

Folgen Sie uns auf Facebook und Instagram!